ボッサ・ノーヴァな建築考

住宅から都市デザインへ

南條洋雄

学生時代に学んだ新首都ブラジリアは、必ずしもいい評価を受けてはいなかった。
ブラジルに10年間生活した私には、この街の素晴らしさがよく分かる。
都市デザインを人生の目標にする私には、この街を知ったことが大きい。
世界文化遺産となったいま、世界も再評価し始めている。
故ルシオ・コスタとの２度の会見は忘れられない。

ブラジリアとは好対照だが、環境や市民参加などの「まちづくり」の先覚者が
ブラジルにいることは、私にとってうれしい誤算ですらあった。
1975年に初めて訪問した際に
歩行者専用道路や不思議なバス交通システムなど、この街の先進性に驚嘆した。
いまは元市長のジャイム・レーネルとも仲好しだ。

写真提供：新建築社

東京の多くの外国人生活者は、日本の住宅の狭さに当惑していた1980年代後半、
私のブラジル仕込みの住宅設計がいくらか役に立ったようだ。
この住宅は日本での設計活動のマイルストーンとなった。
地上は寝室と玄関だけ、リビング、ダイニング、キッチンはすべて地下1階にある。
ブラジリアのほとんどの建築がそうであるように。

大学オーケストラの先輩のご自宅を設計させていただいた。
ともにヴァイオリンを弾く趣味つながりに加え、メキシコ生活９年の施主が
ブラジル生活10年の後輩のラテン感性に注目してくださったことがうれしい。
その後、何度もこのお宅の音楽室での室内楽演奏に参加させてもらい、
何回も改築設計もお手伝いしている。住宅設計は実に楽しい。

日本の集合住宅は古くは団地型、近年は紛争絡みの「マンション」という商品として、
大学で学んだ集合住宅やブラジルで体感してきた良質な共同住宅とはかけ離れていた。
大学の恩師である土田旭氏の誘いで
幕張ベイタウンの設計に足かけ20年もかかわることができたのは
私の最大の幸運だと思う。

1990年からの10年間、私は建築家としてこの街、ウェルシティ横須賀の計画・設計・監理に全精力を注いだ。都市計画決定の作業と企画内容検討にも参加し、
この街のすべての建築物や土木外構などの設計・監理までを担当した。
建築と都市を一体的に考えるのが母校都市工学科の教えであり、
ジョアキム・ゲデスに学んだブラジル流建築家像であった。

写真提供：都市再生機構

ウェルシティ横須賀に続いて参加した狭山市駅西口再開発事業では、

都市デザインの実現にはデザインガイドラインが有効な手法であることが証明できた。

さまざまな設計が複雑に絡みあって一つの街がつくられていく。

さまざまな設計者やデザイナーを一つにまとめる

マスターアーキテクトという役割が必要だ。

プロローグ

私は建築家である。

建物を設計するのが仕事であるが、それが趣味でもあるので、四六時中、仕事＝趣味に没頭している遊び人でもある。もう一つの遊びは音楽で、子どものころからヴァイオリンを習ってきたので、聴くよりは弾くほうに興味があり、弦楽四重奏にハマっている。クラシックだけではなく、ジャズやポップス系も大好きで、最近はジャズバンドでベースを弾いている。

ブラジル音楽のボッサ・ノーヴァも大好きだ。ポルトガル語でボッサ（bossa）は「隆起、こぶ」を意味するが、伝統音楽であるサンバの世界で「出っ張った」曲や人を「ボッサな」と呼ぶようになり、一九五〇年代後半にリオ・デ・ジャネイロでアントニオ・カルロス・ジョビンらが始めた新しい音楽運動が、ボッサ・ノーヴァと呼ばれるようになったとされる。ノーヴァ（nova）は「新しい」を意味する。

音楽にはいろいろなジャンルがあるが、建築も多様であり、時代とともに変わりつつある。私が建築を趣味として半世紀である。最初はコルビジエや丹下健三に憧れて始まった私の建築家人生は、大学、職場、そしてブラジルでの数奇な経験などを経て、時代とともに変化してきた。

ボッサ・ノーヴァは、ブラジルの一部の人々の間で始まった「新しい隆起」であったが、やがて世界中に拡散し日本にも定着した。思えば、私が建築に興味をもったのが中学生時代だから、ボッサ・ノーヴァ隆盛の一九六〇年代であり、私はボッサ・ノーヴァとともに建築家人生を歩んできたことになる。

私の建築観には、もしかすると少々「出っ張った」要素があるのかもしれない。この要素は進学から就職の変則、そしてなんといってもブラジル移住という突飛ともいえる経験を経て育まれたのだろう。帰国後、独立して三〇年。その間も社会の大きな変化に影響を受けながら今日にいたった要素でもある。

人生のすべてを建築と遊び続けてきた私だが、帰国・独立三〇年の節目に、私の建築のボッサ・ノーヴァ（新しい隆起）を記録として残したいという衝動にかられた。

私のボッサ・ノーヴァは、一九七五年四月の次のような南米大陸入りでスタートしたのだった。

「窓から見えるのは雲海とその切れ目に広がる黒いアマゾンの森だった。カラカスでベネズエラ航空に乗った途端に周辺の環境が一変した。英語が通じないのだ。彫りの深い顔立ちの小柄な美人が多い。アジア系はほとんど見当たらない」

飛行高度が下がり始めて目にする広大なブラジルの大地

CONTENTS

足跡

一章　試練　　都市か建築か
二章　修行　　ブラジルに学ぶ
三章　基盤　　アトリエを創る
四章　活路　　デザイン監修
五章　自覚　　建築家の己働

一章 試練

都市か建築か

東京オリンピック

将来の進路をなんとなく考え始めたのは、東京教育大学（現・筑波大学）附属駒場中学校在学中の一九六〇年代だった。美術担当の白木博也先生のギリシャ建築の解説や石膏デッサン指導にのめり込んでいったころ、通学途中で代々木の丘に現れた二本のロープの懸垂曲線がオリンピックプール（現・国立代々木競技場、東京都渋谷区）となっていく過程を衝撃的に見ながらのわが青春であった。建築家という職業を意識し、あのプールは建築家がつくったものであり、その人の名は丹下健三だと知った。

高校二年のとき、東京オリンピックを経験した。国立競技場（東京都新宿区）での開会式や駒沢陸上競技場（東京都世田谷区）でのサッカー観戦など、興奮の二週間であると同時に、私にとっては建築の魅力を肌で感じた決定的な瞬間であった。そして、大学受験では丹下健三という教授に学ぶため、東京大学の建築学科へ入学するしかないと思い込んだのだった。

「国立代々木競技場」。
中学校への通学途中にこの建物の建設を遠目に見たとき、私は建築家になろうと決心した

欧州演奏旅行

大学進学にあたって、私には建築とは別にもう一つの夢があった。大学オーケストラに入団して子どものころから習っていたヴァイオリンを弾くことである。一九六六年、幸運にも理科一類に合格すると東京大学音楽部管弦楽団の部室に直行した。

偶然、その年の秋に欧州演奏旅行が予定されており、なんとかツアーメンバーに選ばれ、半年間の猛特訓が始まった。学校へ行くのはオケ練習のためとなり、合宿に何度も参加した。その甲斐あって、弱冠一八歳でドイツとオーストリアのコンサートホールでベートーベンやモーツアルトを演奏する感激を体験できた。同時に、本場の劇場建築の舞台に立つことができたのであった。

都市工学科

そんなに上手くことが進むはずはない。欧州演奏旅行から帰ると、本郷（東京都文京区）進学の選別試験が待っていたわけであるが、授業をさぼりっぱなしのオーケストラ三昧《ざんまい》のツケが重くのしかかってきた。理科一類から工学部建築学科に進学するにはトップクラスの学業成績が必要なのである。音楽に没頭する間に肝心の建築への道を逸してしまっていたのだった。

私は根っからの幸運な人間なのかもしれない。なんとあの建築家・丹下健三は建築学科ではなく、都市工学科で教鞭をとっているではないか。当時の都市工学科は、まだできて四年の無名の学科であり、進学希望者も少なく、さらに地味な衛生工学コースであれば、理科一類での私の獲得点数でも進学できるという。そして丹下健三を受講できるのだという。

実際にそのとおりであった。建築デザイン系では、丹下健三教授と大谷幸夫助教授とが部屋を並べ、助手室には曽根幸一、土田旭、奥平耕造らがおられた。非常勤講師は磯崎新、槇文彦、岡本太郎といった布陣であり、建築理論や建築史に特化した建築学科とは別に、建築デザイン系が都市工学科に移っていたのだった。

丹下教授室には「東京計画一九六〇」のあの有名な模型が置かれ、図面ケースのなかには磯崎、黒川といったOBたちのトレペ設計図が保管されているといった学科であった。

東大闘争

私の所属は都市工学科のなかの衛生工学コースであった。わずか一〇名余の小さなクラスで、水俣病の研究で知られる宇井純助手に代表されるように、当時、わが国の都市問題の深層にあった公害問題を扱っていた。

私は初めから建築デザイン志望を表明し、大谷幸夫助教授のご指導を得られることになっていたが、必修科目の衛生工学実験などは当然受講し、大気汚染や水質汚濁の基礎知識を得るとともに、今日では時代の最先端に位置づけられる環境工学の素養を学ぶことができた。これも結果的には素晴らしい幸運であった。

そのころ、東京大学では全共闘運動が激しさを増していくのだが、都市問題や環境問題に直接かかわる都市工学科は、医学部とともに重要な活動拠点となっていく。都市工学科のある工学部八号館をわれわれ学生がバリケード封鎖し、特定の教授しか出入りできぬ状態が続き、授業もまったく行われない期間が数か月も続いた。バリケードのなかでは自主講座を主催して独習を続ける一方、全学的な集会や抗議行動などに加わり、安田講堂にも出入りするようになっていった。

私にとっての東大闘争は、皮肉にも安田講堂の機動隊による落城とともに節目を迎えた。実はその日、一九六九年一月一九日は東大オーケストラの年に一度の定期演奏会（東京・上野の東京文化会館大ホール）当日で、私は団の学生代表（総務）を務めていた。

オケ団員は右から左までさまざまな立場の者が混在しており、直ちに演奏を中止して安田講堂に向かおうという意見もあった。しかし、二〇〇〇人を超える聴衆を前にステージに立ち、いま安田講堂では攻防の真っ最中ではあるが、楽屋で団員と議論した結果、音楽の中立を優先して断固演奏を開始する、と口上して、モーツアルトの『魔笛』序曲を演奏し始めたのであった。

終演後は、いつもの打ち上げ二次会などはもちろんなしで、楽屋からそれぞれが本郷キャンパスに走っていった。翌日の朝刊の安田講堂報道の片隅には「同じころ、上野の森でモーツアルトに興じる東大生もいた」と揶揄《やゆ》されたことをいまなお忘れられない。

ＲＩＡ建築綜合研究所

ＲＩＡ建築綜合研究所（現・アール・アイ・エー）にアルバイトとして出入りし始めたのは、全共闘運動の先輩であった藤原康夫氏の招きからであった。反体制の建築家としても興味をもっていた山口文象の事務所である。山口先生の社会的発言を噛み締めるとともに、都市工学科にまったく欠如していた住宅設計の巨匠としての師にも強く惹かれた。

大学闘争で一年間の空白があり、丸五年在学で一九七一年三月に卒業してＲＩＡ建築綜合研究所に就職した。同年五月には妻の美穂と結婚し、建築家修行に邁進《まいしん》する周辺状況が整った。本気で建築の修行をしたいと思っていた。

大学では都市問題、環境問題、そして政治や社会を特殊な角度から見続けてきたことで、ひとまわり大きく成長したという実感はあったが、なにせ建築の勉強が皆無であった。木造の小屋一軒を設計する自信すらないのだ。建築雑誌に続々登場する建築作品群を見るたびに絶望感ばかりが増幅していた。

加えて、会社は私を都市工学科の新卒者として採用してくれたことが当然の流れを生む。同期の建築系大学の新卒者がさまざまな建築プロジェクトの作業に没頭するのを横目で見ながら、私はというと、当時施行された都市再開発法にもとづく再開発関連業務の担当を仰せつかった。

正直焦った。仕事の中身は就職にあたって期待していたこととあまりにも違う。山口先生のもとで木造住宅の矩計図の描き方などを修行させていただけると信じていたのに、日々の仕事は交通量調査とその集計・分析、図表づくり、報告書校正のためのタイプ印刷所通い等々であったからだ。隣の席では同僚が先の尖った鉛筆で詳細図にかぶりついているのだ。席を替わりたい。建築を学びたい。都市工学科のレッテルを外してほしい。

悔しさから、一級建築士試験は最短の二年で合格はしたが、日々の仕事は都市再開発なのだ。ついに近藤正一社長に直訴した。「建築をやらせてください。だめなら辞めます」

わがままを聞いてくれた。近藤さんの懐は深い。菊名（神奈川県横浜市）の新築戸建て住宅の担当を仰せつかった。正直うれしかった。と同時に、なにも知らない自分に焦った。独学はもちろんしたが追いつかず、周り中の先輩や同僚に質問しまくる。それしかない。いま思うに、周りは相当閉口したことであろう。しつこくうるさい私。

ある日、渋川市民会館（群馬県）の設計コンペのチームに入れてもらえた。これまたうれしかった。東京・大手町の事務所に喜んで寝泊まりした。快感だった。そしてコンペに勝った。勝利の美酒をそのとき知ってしまった。もちろん担当の一角に入れてもらった。最後は現場の常駐監理要員に立候補した。設計事務所に就職して、いかに若い時期に現場常駐するかが目標だったからだ。建築を知らない自分が建築の基礎を学ぶには現場がいちばんてっとり早い。

ある日、日本中がひっくり返る事件が起きた。石油ショック（第一次）だ。すべての公共工事は発注がとまり、予定されていた渋川市民会館の着工も無期延期だという。現場常駐が目の前にまできていて、仮のアパートまで物色していたのに、田中角栄総理のひとこえで日本が停止したのだ。

巻では小松左京の『日本沈没』というSF小説（一九七三年刊）が大ヒットしていた。学生時代は音楽優先で建築の勉強をしなかったから、その分やる気満々だった自分に、この日本という国はチャンスをもぎとるのか。ああ、渋川の現場に行けない。建物も着工すらしない。小説ではやがて大地震が来る。日本列島は太平洋に沈没する。最後は、世界からの慈悲によって、一〇〇万人の日本人の血を存続させるため、ブラジル政府がアマゾン川上流に国土を開放してくれる。水没する富士山頂を後にして、最後の日本人が向かう先はアマゾンという物語だったと記憶している。

初めての集合住宅計画

浦安地先（千葉県）埋め立て地のプロジェクト担当者として、都市工学科卒の私が適任とされ、これに携わることになった。マスタープランを検討し、用途地域などの都市計画を定める基礎とする業務であった。遊園地予定地をどこに配置するか、高速鉄道と高速道路の位置や緩衝緑地帯をどのように設《しつら》えるかなどを検証する作業でもあった。

遊園地予定地とは、後の東京ディズニーランドのことである。一九七四年、私はロサンゼルスのアナハイムの本場ディズニーランドに出張までしたのだった。

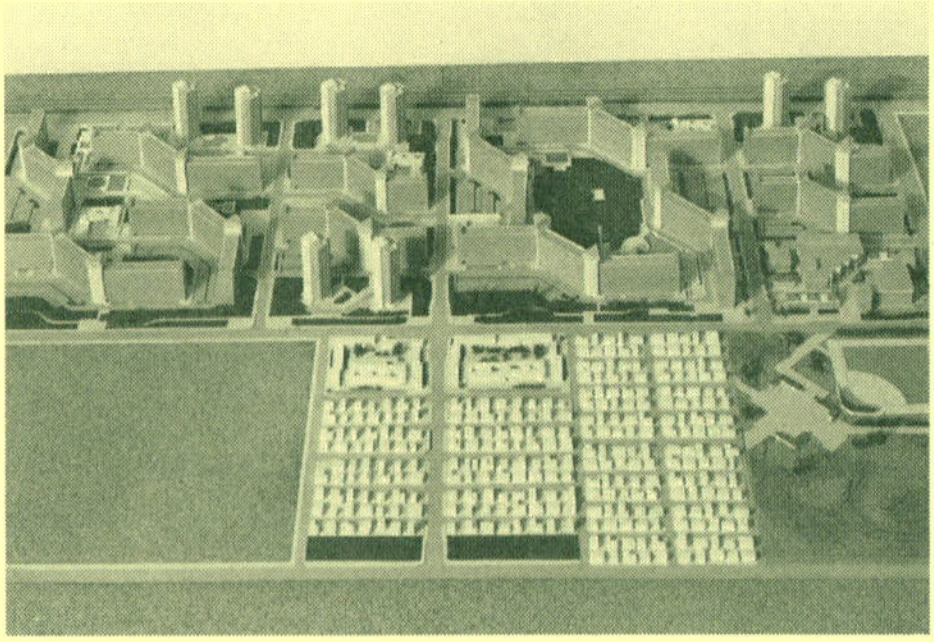

ＲＩＡでの初仕事が
浦安埋め立て地のマスタープランだった。
この街の「京成サンコーポ浦安」が
私の最初の集合住宅設計

その後、具体的な集合住宅の計画・設計を担当し、新浦安（千葉県）の初めての高層分譲集合住宅である京成電鉄が売り主の京成サンコーポ浦安、一二〇〇戸の基本設計までを担当した。計画報告書、基本設計図書、模型の制作などに追われ、充実した日々であった。

そのころ建築基準法が改正され、日影規制が施行されたのだが、図面はすべて手書きの時代、図学の知識を用いて独自の日影定規をつくり、ドラフターに取り付けて配置設計をしていたことを懐かしく思う。

高島平団地（東京都板橋区）の入居が始まったのが一九七二年。郊外型団地から都心部の面開発型の大型集合住宅などが次々と建設された時期であるが、当時はまだマンションという呼称もなく、民間の分譲集合住宅はめずらしい時代だった。住宅公団（現・都市再生機構）の団地設計のノウハウを勉強し、あるいはその限界を感じつつ、海外の魅力的な集合住宅に夢を感じ、なんとか浦安にもそのような集合住宅地をつくりたかった。

マルセイユのユニテ・ダビタシオン（ル・コルビジエ）、ベルンのハーレン・ジードルンク（アトリエ5）、モントリオール万博のアビタ’67（モシェ・サフディ）等々、今日のように海外情報が入手できない時代であったが、さまざまな集合住宅作品に夢を膨らませていったのだった。日本でも東京・原宿のヴィラシリーズ（堀田英二）や横浜市の桜台コートビレッジ（内井昭蔵）など、今日でも輝き続ける集合住宅の名作が誕生した時代である。

思えば、都市工学科出身の建築修行生である私のなかに「住宅」という建築で「都市」をつくりあげる「喜び」が誕生したのは、この時代かもしれない。

アメリカ視察旅行

一九七四年、ＲＩＡ幹部が私をアメリカの最新病院建築視察団に参加する機会を与えてくれた。一ドル三〇〇円の時代である。海外視察なんて当時はあり得ないことであった。

視察団長は千葉大学の伊藤誠助教授であった。国中の設計事務所から精鋭が参加するなか、二六歳の生意気盛りでの参加であったが、少々の英語力と海外運転歴が歓迎され、病院建築の公式訪問の前後に伊藤団長の私的建築作品視察に同行することができた。

サンフランシスコ、ソルトレイクシティ、ミネアポリス、ボストン、ニューヨーク、ワシントン、サンディエゴとアメリカを一周した。ロサンゼルスからは単独行動となり、浦安埋め立て地のプロジェクトの関係でアナハイムのディズニーランドを訪れ、遊園地の裏方を見学させてもらったり、東京進出に関する簡単なミーティングを行った。さらに私的オプションでアリゾナのサンシティ、バンクーバーの2×4産業視察なども行い、一か月にも及ぶ長期海外出張を経験させていただいた。

もう一つ、私の人生を変える大きな事実がこの旅行に隠されている。実は建築への憧れといっこうに先に進まない焦りから、海外留学を常に夢見た大学五年間があったのだ。一九六六年、一八歳での欧州演奏旅行が初めての海外経験。それ以降、常に再度の海外を模索していたが、あいにくというか幸運というか、大学闘争が大きく影響して実現していなかった。

突然実現したＲＩＡでの海外視察が、忘れかけていた私の海外志向に火をつける結果となる。かつて一度は留学要項まで取り寄せたバークレー、ハーバード、そしてＭＩＴ（マサチューセッツ工科大学）のキャンパスに立ち、知り合いの留学生と会い、有名な設計事務所を突撃訪問している自分であった。アメリカに近々戻り来ることを頭に描いて行動していたのだ。

日本に帰った後は、ひとまず資料やスライドを整理して報告書にとりまとめ、ＲＩＡの各支社に視察報告会に出向いたりしながら、国内の次の仕事を待機することになるが、抑えきれない海外志向は加速するばかりだった。

都市か建築か、そして南米へ

アメリカでは思い切り建築作品を観てきた。ルイス・カーンのソーク・インスティテュート（カリフォルニア州）、エーロ・サーリネンのMITチャペル（マサチューセッツ州）、フランク・ロイド・ライトのマリン郡庁舎（カリフォルニア州）、イオ・ミン・ペイのクリスチャン・サイエンス・センター（マサチューセッツ州）。あの旅行で撮りまくった膨大なコダクロームは、いまでも貴重な財産である。やっと建築家に向けて動き始めた自分を感じていた。

なのに、オイルショック来訪。日本には仕事がない。あっても建築ではなく、都市の仕事だ。そんなある日、妻がひとこと。「結婚して丸四年も両親と会ってないから、ここらで

26歳で訪れた
ルイス・カーンの
ソーク・インスティテュートで
建築の魅力にとりつかれた

実家に一か月ほど行ってこようと思う！」

妻は結婚以来、恩師の大谷幸夫教授の大学秘書として採用いただき、四年目を迎えていた。私の母校の都市工学科、しかも、あの丹下研究室の部屋に勤務し、妻にとっては未知の建築界を吸収してくれていた。川上秀光、下総薫、高瀬忠重、山田学諸先生にもお世話になっていたのだ。

さて、妻の両親は人生の最終段階として、南米パラグアイのブラジル国境近くのイグアスという場所に移り住んでいた。有名なイグアスの滝にも近い。義父・吉崎千秋は農学者で東京帝国大学卒業後は役人として満州に渡り、終戦後は現地に残る開拓団を率いて帰国し、帰国者の帰農政策に役人としてかかわり、自らも栃木県那須町の千振《ちふり》という入植地で陣頭指揮した経験をもつ。

彼の生涯はＮＨＫドラマ『開拓者たち』に描かれているが、パラグアイ開拓は吉崎の持論の最後の集大成であった。東京農大教授であったが、学友の財界人などからの出資を仰ぎ、パラグアイの肥沃な原始林に日本の開拓学と資金や人材を投入し、世界レベルの食糧基地をつくることを目的に南米開発株式会社をおこした。一九七〇年には自らパラグアイに渡り、翌年の娘の結婚式当日もパラグアイの原野からの祝電で済ませた豪放な明治男児であった。その農場長住宅は私の処女作住宅かもしれない。図面を現地に送り、建設された。

というわけで、妻のパラグアイ行きは着々と準備されていった。一九七四年後半になっても、日本経済の様相はいっこうに改善しない。渋川市民会館着工の兆しもまったくない。頭のなかでは「都市か建築か」の答えなき葛藤。加えて「日本か海外か」が加わり、ハーバード大学の芝生に寝転んだあの感触が忘れられない。妻はしばらくパラグアイの両親宅だという。小説『日本沈没』がＳＦではなく現実になるのでは、という妙な期待感すら芽生えてくるのだった。

海外移住事業団

海外への夢は学生時代であれば留学が前提だが、結婚四年、実務四年、有国家資格となると考え方が大きく変わる。このような状態のプロとして海外に行きたいのだ。アメリカこそ大本命だ。建築の諸先輩の多くは、ハーバード、ＭＩＴ、ＩＩＴ（イリノイ工科大学）、そしてバークレーなどの名門に学んでいる。

ところが、私の場合はプロとして仕事がしたいので、労働ビザ取得という大きな壁が待っていた。アメリカでプロとして仕事をすることなど、ほぼ不可能と知るのに時間は要らなかった。正規の就職などあり得ず、留学生ビザでの非合法アルバイトが限界なのだ。

諦めきれず、当時、東京・四谷にあった海外移住事業団（現・ＪＩＣＡ）に相談に行った。海外、できればアメリカに移住して建築の仕事がしたいという相談。私のあまりの無知に窓口の担当はあきれたと思う。そこで知った海外移住の現実は、私の想像とはかけ離れたものだった。

海外で仕事をするには、相手国からの要請があって、そのうえで諸手続きを経て労働ビザ申請へ進む。そこで、どこからか建築の要請がないかと聞くと、あった。カナダとオーストラリアとブラジルの三国だという。

言語で分けると英語二か国、ポルトガル語一か国なので、英語国へは近い将来自力でも行けるだろうと楽観し、思い切ってブラジルを選んでみた。もちろん、妻が里帰りするパラグアイの隣国だと知っていたし、そもそも妻はサンパウロに三年半住んだこともあり、現地の音大ピアノ科出なのだ。

私の経歴書を手にした担当者はあきれて、「やめなさい。考え直しなさい。日本がいいに決まっている」というのだ。海外移住の担当職員なのに、である。諦めずに続けると、ブラジルからの要請職種の解説と選択の段階に進んだ。ところが、リストにあるのは特殊旋盤工、鉄筋溶接工、特殊型枠工等々。

要するに、建築労働者の特殊技能取得者をブラジルは望んでいるのだ。担当官に必死で「建築家」のことを解説し始める私。丹下健三、ＲＩＡ、フランク・ロイド・ライト、オスカー・ニーマイヤー。まるで空振り。ここで納得し、海外移住事業団を後にした。

ダメとなると、無性になんとかしてやろうという気になる。そのころになると、市販の移住マニュアルのようなものもいくつか手にしていた。課題は一つ、労働ビザをどうやって取得するかなのだ。

もはや時効であろうから少々解説するが、当時、Ｋ移住旅行社というエージェントが東京・新橋にあった。そのオフィスに飛び込んでみた。入ると、そこはまるで南米情緒。当方の意図を詳しく説明すると、一つの案を提示してくれた。そのエージェントにお願いすれば、二年間限定の労働ビザをなんとか調達してくれるというのだ。当時、私にとって二年間は十分に思えた。ほかにはまったく可能性がなく、お手上げなのですぐにお願いした。

意外と簡単に労働ビザ（二か年）取得の目途がついたのだ。ちなみに、このころになると正式な労働に固執する私にとって、アメリカやヨーロッパという選択肢は完全に消えていた。最近の若い人は意外と知らないようだが、昔も今も海外で労働することは基本的にはできないのが現実なのだ。

山口文象先生の助言

一九七四年も押し迫ると、ついに決断のときと覚悟した。

真っ先に勤務先のＲＩＡの山口文象先生に面会を求め、会社への辞意とブラジル移住を表明した。正直にいって勇気が要《い》った。ほんの半年前に若手のなかから選抜してくださり、アメリカ視察の機会を与えていただいたその事務所への、ある種の裏切り行為でもあることを自覚していたことはもちろんである。先生の次のひとことは一生忘れない。

「頑張って行きなさい。私も元気なら一緒に行きたい」。耳を疑った。

後日、側近の方々から聞いたのだが、山口先生は私とは関係なく、ほんとうに真剣にブラジル移住を前向きに考えていたのだという。山口先生から私への助言が続いた。ベルリンのバウハウスでの生活体験をふまえた説得力のある助言の数々であり、実際に私はその助言をブラジルで励行することになる。

①海外には必ず日本人同士が集まる日系社会がある。せっかく海外に行くのであれば必要最小限の付きあいにとどめ、むしろ現地社会に飛び込むべし。

②海外には日本では想像できない階級社会構造が存在する。どんな発展途上国でもトップの

水準はきわめて高い。日本人のはるか上をいく一塊のエリート集団が国をつかさどっている。そうした上の者と進んで交流しなさい。下だけ見て大将気分の日本人が多い。

この原則はいまも私の心の奥に焼きついている。ほんとうにそのとおりだと実感するブラジル滞在となるのであった。

槇文彦、鈴木恂両氏の支援

ブラジルの建築家を知りたいと思っても、当時はインターネット検索もなくお手上げのなか、文献から必死で小さなニュースを見つけ出した。建築専門雑誌『新建築』に掲載された、槇文彦氏設計の在ブラジリア日本国大使館の作品である。槇先生からは何回か都市工学科で講義を受けたことがあるという、それだけの理由で思い切って面会をお願いした。すぐに会ってくださった。

東京・日本橋のグリーンビルに緊張して訪問したあの場面をいまも忘れられない。ブラジル移住の意思を伝え、師事すべきブラジルの建築家を紹介してほしいとお願いしたところ、意外なお答えであった。ブラジルの建築界の情報はあまりご存じないとおっしゃる。

すると即座に受話器をとり、早稲田大学の鈴木恂氏に電話をしてくれた。一気に話がまとまり、翌週、今度は鈴木恂アトリエを訪問する流れとなり、そこで、氏がすでに知り合いで著作『ラテンアメリカの住宅』にも登場する建築家、ジョアキム・ゲデスとパウロ・メンデス・ダ・ロッシャの二人に推薦状を書いてくださるというのだ。これで私のブラジル移住は、すべて準備が整ったことになる。なんと幸運な自分であろうか。

移住渡航

ＲＩＡの近藤正一社長にも三月退職のお許しをいただき、家具・家電、車や住いの始末などをこなし、ビザの取得から具体的な旅行手配へと進み、また、ありがたいことに連夜の送別会などもしていただき、ようやく一九七五年三月三一日、羽田国際空港から妻と二人、計四個のスーツケースとヴァイオリンを手に、ブラジルに向けて飛び立つことができた。格安料金の片道切符はいまはなきエア・サイアムであった。

ところで、出発の前に大きな誤算が生じた。年が明けて、いざ出発というとき、東京・原宿の鈴木恂アトリエに紹介状をもらいに立ち寄ると、なんと鈴木氏は半年間、ベネズエラで仕事だという。私にとって鈴木氏の紹介状は生命線なのだ。スタッフからカラカスの住所を聞き、急遽、航空券をニューヨーク発カラカス経由リオ・デ・ジャネイロ行きに変更し、飛び立った。

カラカスに鈴木氏を訪ねると、「まさか本気だとは思わなかった」とひとこと。三日ほどカラカスをご案内くださり、そこで、二人の建築家に紹介状を直接郵送してくださるとの確約をもらい、こうしてカラカス空港を飛び立ったのだった。

移住旅行は、ある意味では快適なものであった。出発までの過酷な喧噪と睡眠不足、疲労困憊《こんぱい》から解放され、最初の経由地ホノルルではチェックインから二四時間昏睡し続けたため、ホテルの人が心配したほどだった。

ロサンゼルスを経由し、ニューヨーク到着後、ニュージャージーの叔父叔母の自宅でゆったり過ごし、予定外のカラカス滞在でカリブ海も満喫し、あり余る時間を謳歌《おうか》していた。ここに至る数多《あまた》の軋轢《あつれき》から解放され、期待ばかりが広がっていた。「都市か建築か」の宿題も忘れ、ブラジル建築界に飛び込む期待感しかなかった。

ふと、私はポルトガル語がさっぱりわからない、と気がついた。あいさつもできなければ、数も勘定できない。でも英語でなんとかなるさ、と気楽なものだった。カラカスを発つまでは……。

二章 修行

ブラジルに学ぶ

フア・ペイショト・ゴミーデ

この覚えにくい名前を私は一生忘れないだろう。一九七五年にようやく潜り込むことができたジョアキム・ゲデス事務所のあるフア（通り）の名前なのだ。都心の安宿で節約しながら毎日事務所を訪問した。就職願いの体当たりである。

二〇〇六年にプリツカー賞を受賞するパウロ・メンデス・ダ・ロッシャの事務所にも数回足を運んだが、当分は所員を雇う予定がないときっぱり断られてしまい、ジョアキム・ゲデスにかけるしかなかったのだ。

朝から玄関の椅子で待っていると、英語のわかるスタッフが「もう今日は現れないから、また明日来なさい」といってくれる。こんなことを何日も続けた。もう後には引けないのだ。

話は変わるが、昨年、フェイスブックでたまたま当時

2000年、サンパウロ大学でパウロ・メンデス・ダ・ロッシャと——1975年に彼が雇ってくれていたら、私の人生はかなり違っていたはずだ

のジョアキム・ゲデス事務所のスタッフであったクラウディアを発見し、フェイスブック友だちになった。ドイツ系ブラジル人の才女で、私の上司だった女性である。その彼女が、毎日玄関で待っている日本からきた青年のことをボス・ジョアキムに好意的に報告してくれたようだ。

鈴木恂氏からの紹介状も無事届いており、なんとかドラフトマンとして雇ってくれることになった。その晩の妻との祝杯は、これまた波乱人生の幕開けであった。

建築家ジョアキム・ゲデスは
私の建築の師匠であり目標だったが、
2008年、自宅前の交通事故で他界

辞書の山を抱えて

ジョアキム・ゲデス事務所への通勤が始まった。パウリスタ大通りのバス停で下車したあと、傾斜角二〇度はあろうかという急坂のフア・ペイショト・ゴミーデを転げるように下ったところが事務所だった。肩かけ鞄のなかには辞書が大量に詰め込まれていた。英和、和英、ポ和、和ポ、ポ英、英ポの各辞書のほかに、数冊のポルトガル会話書。

ひとこと声をかけられるたびに辞書を引いて反応するしかない。ポルトガル語なんて一度も聞いたことがないのだから。何人かの幹部スタッフはさすがに流暢な英語を操るので、むしろ、ついていくのがたいへんなほどだった。彼らは語学の天才なのだ。移民の子孫が多いから、ヨーロッパ言語の二つくらいは誰でもこなしている。ところが、普通の職階の人々は英語などまったく通じない。ただただポルトガル語で語りかけてくるのだ。

ボスのゲデスが、昼休み時間を三〇分延長して語学学校に行くチャンスをくれた。必死で頑張ったのだが、結果はでなかった。毎日朝から晩まで、分からないなりにポルトガル語の渦中で過ごしていた。週三日の語学学校では、レッスン1から少しずつレベルアップしていくのだが、仕事の現場で交わすポルトガル語には順序がない。初めから過去形、未来形が飛び交う。

三か月ほどで、まずは辞書を放棄した。辞書なんかいちいち開いている余裕はない。そして学校もやがて辞めた。答案用紙でいい点数をとることよりも、明日の職場の会話に参加することのほうが、はるかに大切だと実感する。結果、きちんと学習しないから、間違いだらけのポルトガル語を勘を頼りに怪しげにしゃべることになる。

うれしいことに、間違えるたびに周りがその間違いを直して教えてくれる。もちろん辞書も文法書もなしで、普通の会話のなかで口と耳で覚えるやり方だ。

とにかく会話から入っていくしかない。よって正しくは書けない。スペルも分からない。耳に聞こえる音だけで会話が進む。これがけっこう通じあうものなのだ。

カリィプトゥ

ある地方都市の土地利用計画図を議論しているとき、自然緑地を指差してボスのゲデスが「カリィプトゥ」と連呼するので、私もなんとなく森のことだと理解して、「カリィプトゥ」といい返してみると見事に会話が進むのだった。数か月経っても、その「発音」が樹林のことだとは想像できても、具体的にどんな樹林かが分からないので、久しぶりに辞書で調べることにした。なにから始まるスペルかも分からず、それらしい単語が見つからない。

結果は、「Eucalipto がスペルで「ユーカリ」のことだった。これはほんの一例に過ぎないが、耳で学ぶ方法で会話先行で突入した結果、読み書きの前にどんどん会話だけをマスターしていくことになる。日本語読みの先入観がないので、現地の発音に比較的近く習得が進む。学生時代から語学＝英語は苦手だった私だが、ポルトガル語はすいすいと身についていった。このことは、生きるための条件でもあったのだ。

半年ほどで、職場での最低限の会話はできるようになり、一年後には、ほとんど不自由を感じない程度にはなれた。もっともその間、家では家内と日本語使用を禁じあったり、休日や夜もテレビをつけっ放しにして、分からなくとも現地の番組とにらめっこ状態で言葉を体に覚えさせたのだった。

最初はコメディを観ていても、なにが可笑しいか理解できず、サッカー中継もどのチームの対戦でどちらが勝ったのかもよく分からない、といった具合ではあったが、おもしろいもので時間とともに急速に理解できるようになり、いつしかお笑いコントに爆笑し、サッカー応援に声をからしている自分に変貌していった。

バイア州国際会議場コンペ

ジョアキム・ゲデスの事務所は、多くの外国人やブラジルの遠隔地からのさまざまな人種が入り交じっていた。みな強烈なお国訛《なま》りのポルトガル語を操る。

最初に親しくなったのが、私より一か月前に来たというウルグアイ人のエクトールだった。モンテビデオ大学で教えていたという私より七歳年上の彼の俗称はティート。奥様のノエミは超美人インテリで、母国ではテレビにも出演していたらしい。家も近く、すぐに仲好しになった。ただ会話は、めちゃくちゃブロークンなスペイン語訛りのポルトガル語と、私たちの赤ん坊レベルのポルトガル語であった。

ある日、ボスのゲデスがわれわれ二人を呼んで、バイア州国際会議場コンペをやろうという。まだブラジルへ来て数か月のころだった。もちろん二つ返事で承知した。ブラジルの最初の首都サルバドールを州都とするバイア州は、日本にたとえれば京都のようなもの。そのサルバドールの郊外に巨大な国際会議場（見本市会場併設）を建設するための国内オープンコンペで、国内の主要な建築家が参加するという。

アイデアを出しあい、スケッチをもちより、模型をつくり、と日本とそうは違わない作業が続いたが、とりわけウルグアイ人のエクトールのデザイン力は一段と光っていた。マジックインク一本でぐんぐん描き上げるスケッチには圧倒された。東京大学工学部の教育との根本的な違いを目の当たりにした。

だが、彼からすると何事にも冷静で、分析から入っていく私のスタイルを、ある種の驚異と受けとっていたようでもある。結果、とてもナイスなカップルが誕生した感じであった。

かくして何回かのブレーンストーミングをゲデスと重

世界文化遺産のサルバドール旧市街はポルトガルとアフリカの文化が混在する不思議な街だ

ねていくことになったのだが、ある日突然、ゲデスがこのコンペは提出しない、といい出すのだった。表面上の理由は、事務所でわれわれ二人も担当していた仕事が忙しくなり、とてもコンペなどやっている暇がないからだとされた。

だが、まとまりつつある提案がウルグアイと日本から来た外国人がどんどんまとめた案であって、肝心のボスのゲデスが忙しすぎて参加できていなかったことが真の理由だ、とわれわれ二人は分かっていた。

当然ながら、コンペのエントリー登録はジョアキム・ゲデス名義であり、われわれ二人の外国人は登録されていなかった。これで万事休す。

ところが脇で見ていた現地スタッフが、大学の友人二人が登録していたのだが、いい案ができないので最近諦めたらしい、との情報をくれた。コンペ提出三週間前くらいだったと記憶している。

エクトールと私の二人は直行した。マリア・クラレッチとジュサーラ・テッラという大学新卒の女性二人組であっ

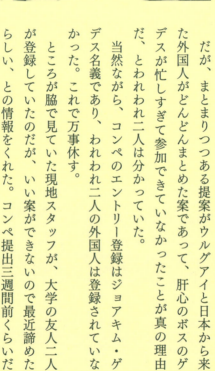

右からヘクトール、マリア、ジュサーラ、私。この4人で国際会議場コンペに優勝したのだった

た。一気に話はまとまった。ブラジル人女性二人とウルグアイ・日本の四人組チームでのエントリーがこうして決まったのだった。ジョアキム・ゲデス事務所の仕事を終えて、夜間のみ四人が合流して作業し、なんとか提出に間にあった。何度徹夜したか覚えてもいない。充実した日々であった。

ちなみに、こんなことを続けていると、否が応でもポルトガル語が上達するものである。いつしか、ポルトガル語で平気で冗談をいいあい、ポルトガル語で本気で喧嘩する自分になっていた。

コンペ勝利のサンバ、そして敗北

一九七六年、まだ扱いはドラフトマンであり、必要な生活費の半分も稼げず、したがって、それなりのエリアであるアンジェリカ通りの安アパートにひっそりと暮らしていたころのことである。電話も買えず車もなく、いつものように夜遅くバスで帰宅し、食事をしていると、突然クラクションを鳴らして大騒ぎの集団が現れ、祝福を叫びながらわが家に流れ込んできた。

夕方のテレビでコンペの審査結果が発表され、なんとわれわれが一等入選だというのである。そのまま車でサント・アマーロ街へ繰り出した。サンバのリズムはやむことなく、朝までのどんちゃん騒ぎとなった。

次の日から事態は一変した。新聞社の取材、雑誌への寄稿、バイア州政府との交渉、設計実務を行うための事務所開設、ある意味で有頂天のひとときであった。ブラジル移住の最初の一年での快挙である。

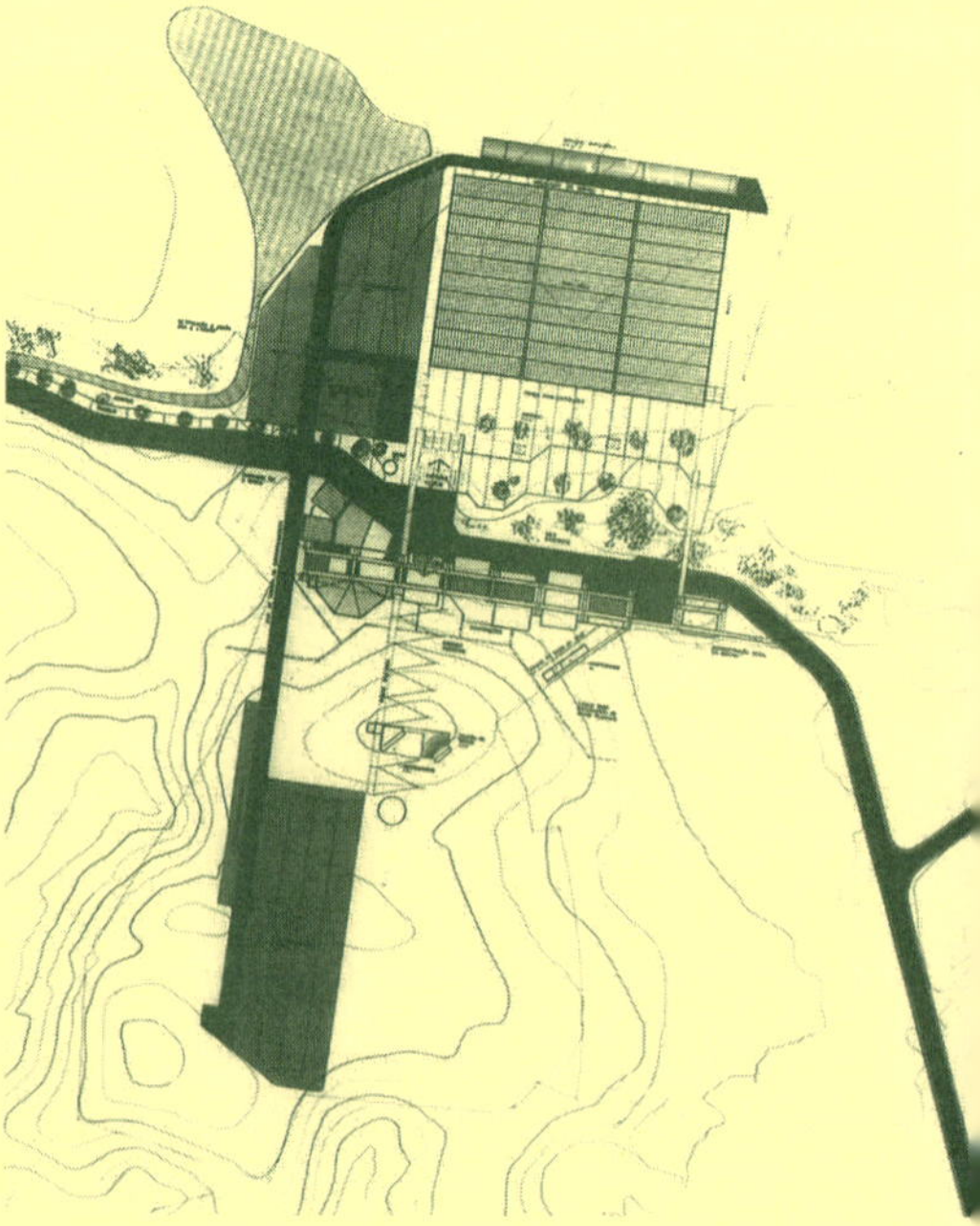

古都サルバドール郊外の砂丘地帯にできるはずだった国際会議場だったが……

そして、雇い入れたばかりの二人の外国人スタッフであるエクトールと私を失うことになるボス・ゲデスとの軋轢《あつれき》が始まるのであった。あのままゲデス事務所として提出しておれば、事務所の勝利となったところを、中止宣言したことから別のチームに移り、そして勝利したこの流れは、ボスとの関係においても非常に複雑なしこりを残すことになった。

時は流れて数か月。ある情報通から妙な噂が飛び込んできた。バイア州政府がコンペ第二位であったリオ・デ・ジャネイロの大手事務所との契約を進めているというのだ。

たしかに当方の契約調印交渉は、専任のプロのブラジル人を立てて進めていたのだが、労働ビザは所持しているが現地の建築家資格（CREA登録）をもたない外国人が二人いる優勝チームとの業務契約締結が難航していたのだった。

結局、コンペ一等でありながら業務委託契約を断念する羽目となり、チームは直ちに弁護士を立てて、バイア州政府を相手に法廷闘争を開始することになった。とりわけ二五歳前後だったブラジル女性二人の剣幕たるや、それは激しいものであった。

当時、私は二八歳、ブラジル二年目、すでにコンペの賞金は受領したし、さまざまな栄誉は手にしていた。異国の政府と裁判するのか、それはないだろう、と考えた。チームを説得し、私一人だけコンペ勝者としての契約に関する権利を放棄する書面にサインして、私のバイア州コンペは終了したのだった。

後日談ではあるが、その後、裁判は一五年ほど継続したと聞く。その間、ブラジル建築家協会（ＩＡＢ）の倫理委員会は、二等入選で契約を横取りした格好になったリオの建築家を資格停止処分に処した。であるが、コンペの数年後には現地に二等案の国際会議場が見事に竣工している。その後、このチームの二人の女性たちとは会っていない。

日本でもこのニュースは少しだけ注目された。『日経アーキテクチュア』が創刊された翌年の出来事であり、サンパウロの日経新聞社の記者が私の家に取材に来てくれた。私の小論と図面などの一部が、『日経アーキテクチュア』一九七六年一〇月一八日号に収録されている。創刊第一五号である。

ジャン・カルロ・ガスペリーニ

日本の建築家、鈴木恂氏のご紹介で二人の建築家を目標にサンパウロに渡った私だが、現地に暮らしてみると、当然ながら多くの建築家を知ることになる。

サンパウロで規模や実績でナンバーワンの設計事務所は、ジャン・カルロ・ガスペリーニの事務所であることを知った。当時の自宅近くに竣工したＩＢＭ本社ビルの設計者だ。正式には三人のイタリア人の共同事務所で、クロッチェ・アフラーロ・ガスペリーニ・アルキテクトスと呼ばれ、数十人のスタッフを擁する事務所だった。

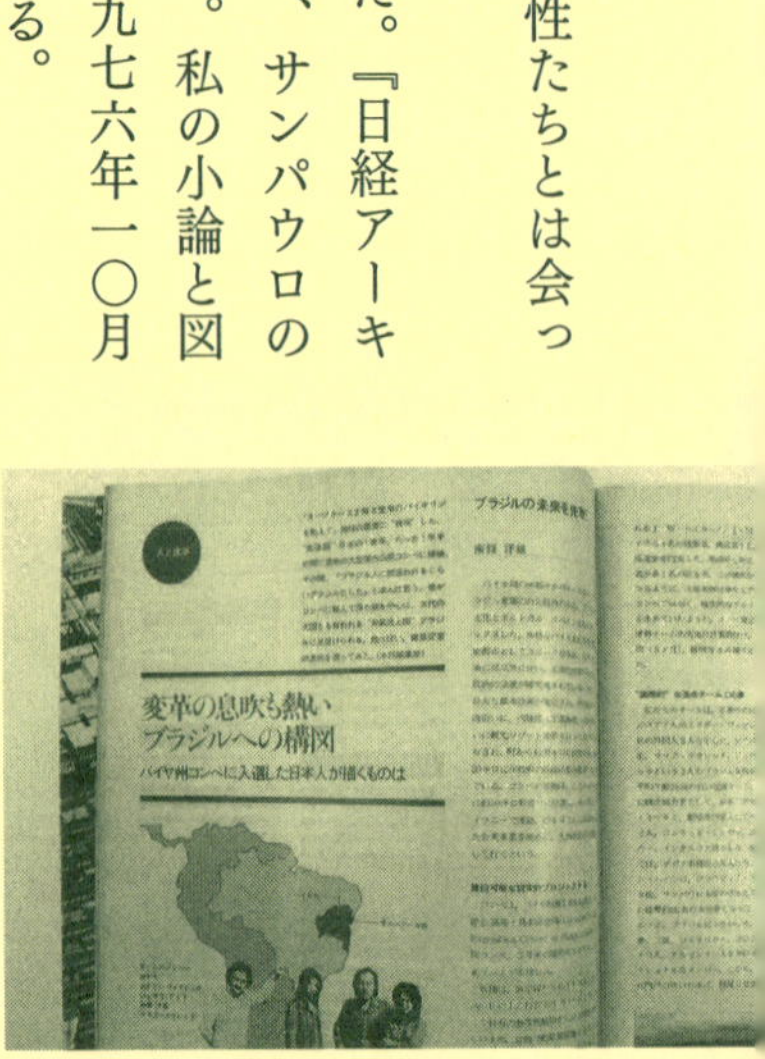
変革の息吹も熱い
ブラジルへの構図
バイヤ州コンペに入選した日本人が描くものは

『日経アーキテクチュア』創刊翌年の第15号にコンペ優勝の記事が掲載された

ジョアキム・ゲデスとは、コンペでの多少のいざこざはあったとはいえ、再び事務所の激務に没頭する日々を私は過ごしていた。

僚友のエクトールはコンペを機に飛び出していった。スイス人女性建築家のマリーア、ブエノスからのエローイ、日系二世でお姉さんが皇室に嫁入りした沖縄の花城一族のエジソン、ドイツ系移民二世のクラウディア、バスで四日もかかるというアマゾン奥地のポルト・ヴェーリョから来たギマレィンス、陽気で泣き虫の秘書マリア・ルシアなどなど、一年半の短期間で一気に私をブラジル狂に仕立てあげてくれた人々とのお別れを決断した。

コンペでバイア州を訪問することができて、ブラジルの大きさを体験したとき、仕事漬けでサンパウロのフア・ペイショト・ゴミーデに根が生えることへの躊躇《ちゅうちょ》がなによりも上回ったからであった。

ゲデスに礼をひとことといい、「旅に出ます」と別れを告げた。給料は最初のドラフトマン給から三か月ごとに倍々と考慮してくれたゲデス。去るときには当初の十数倍で、事務所の最高給であった。

サンパウロ上陸時とは違い、少しだけの自負が芽生えていた。ポルトガル語で仕事ができる自分、コンペに優勝して少しは名前が知られた自分である。経歴書をとりまとめ、ガスペリーニ事務所を訪れ、入所志望と要求給与額を伝え、一か月後に回答がほしいといって、ほんとうに旅に出たのだった。

アルゼンチンでの息抜き

最初に向かったのは、家内の両親の住むパラグアイのイグアス。そこから首都アスンシオンを経由して、長距離バスでアルゼンチンの首都ブエノスアイレスを目指した。

アスンシオンは可愛い街だ。一九七六年のことである。街路樹にグレープフルーツが植えられ、その真下でグレープフルーツを売っている子がいる。

当時、世界の多くの国々が大陸の中華人民共和国との国交樹立を目指したため、大陸に併合されることを心配した台湾の一部の富裕層が、国外への脱出を考えていた。

その人気の渡航先がブラジルだったのだが、ブラジルが台湾政府との国交を断ったため入国がかなわず、そこで大使館が存続していたパラグアイにひとまず入国し、そこで妊娠後に国境を越え、ブラジル側で出産するということが流行《はや》っていた。

そんな関係でアスンシオンの街には、たくさんの台湾人が退避生活をしていた。多くは裕福な一族であり、一年後には無事ブラジル入国を果たしたと思われる。あのときにアスンシオンのホテルで知りあった台湾人が、サンパウロの日本人街の土産物店で幸せそうに働いているのを偶然見かけたこともある。

パラグアイは海をもたぬ国で、海軍ではなく河軍がある。アスンシオンのバスターミナルを出発すると、すぐパラグアイ川を艀《はしけ》で渡ることになる。それから一千数百キロ、ほとんど真っ平らな草原をひたすら南下する。高校の地理で学んだあのパンパス大平原である。

二人の運転手が交代で運転し続ける。私のこの旅でも途中で一度タイヤがパンクし、修理に数時間を要した。丸二日間の過酷なバス旅でようやくタンゴの街ブエノスアイレスに到着する。南米のパリとも呼ばれる美しい市街。そして、ボカ地区のあでやかな色彩、夜のタンゴショー。

南米に移り住んだことを改めて納得する旅でもあった。脇で妻が少しだけ心配げにつぶやいた。「ガスペリーニ事務所から断られたら、また無職ね」

ブエノスアイレスのボカ地区ではタンゴの響きと強烈な色彩で異国感覚が増幅される

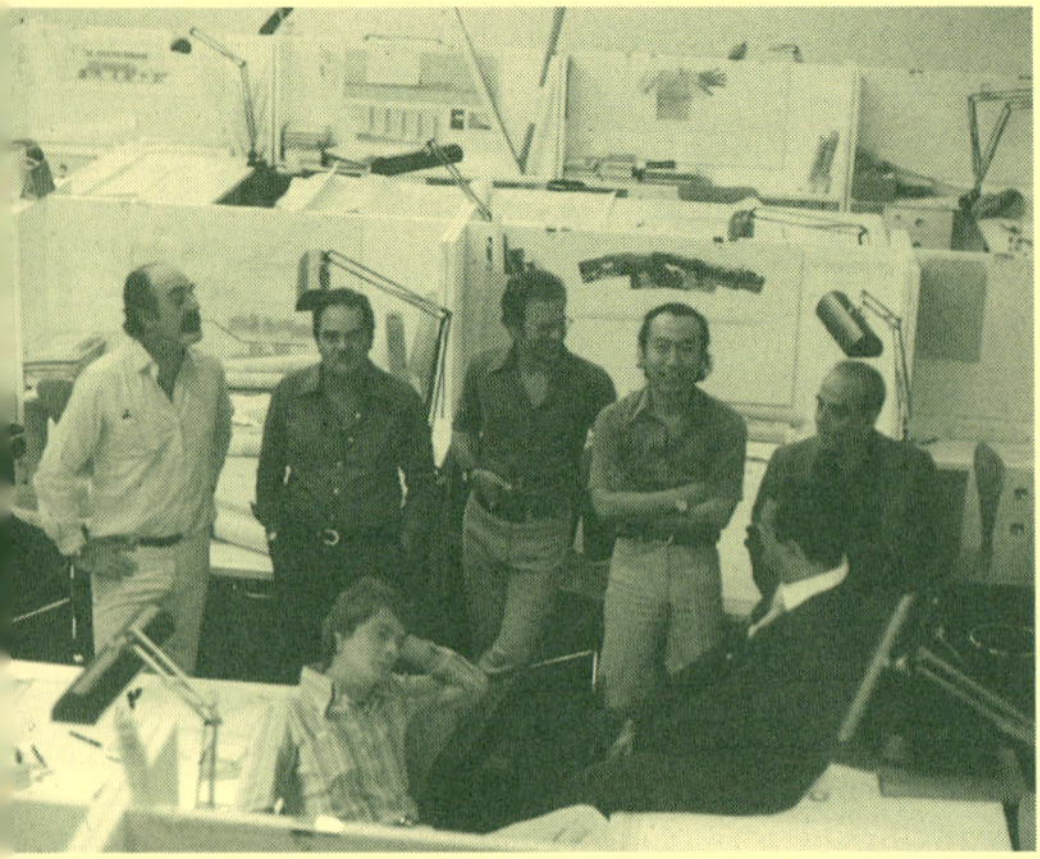

プライア・デ・モコッカ

ガスペリーニの事務所は、ゲデスの事務所とはなにからなにまで違っていた。後から分かるのだが、ゲデスは典型的なポルトガル系エリート。ガスペリーニとクロッチェとアフラーロの三人は典型的なイタリア系エリート。とくにガスペリーニは二世ではなくイタリア国籍の一世。仕事の多くはイタリア系財閥とつながっており、超高層オフィスビルやホテル、工場、リゾート開発等々、いつも恵まれた業務環境を持続している事務所だ。

日本でオイルショックを被《こうむ》ってブラジルに渡ってきた私だが、このころでもブラジル、とりわけガスペリーニの事務所は好景気だった。二年目には、自社設計のサンパウロで最も人気の高いファリア・リマ通りの高層オフィスビルの最上階に事務所は移転し、最高の環境で仕事に従事することができた。

私が最も多くの時間を割いたのは、サンパウロのガスペリーニ（左端）と事務所の仲間たち。
ファリア・リマ通りの
自社設計のオフィスは素敵だった

ビーチリゾートであるグアルジャ方面のリゾート開発プライア・デ・モコッカであったり、バイア州北部の二〇キロにも及ぶ未開の砂丘地帯のリゾート開発などであったが、事業主はイタリア系企業が多く、打ち合わせはイタリア語混じりで行われ、そして、なによりも随所に吹き出るイタリアンデザインテイストは、たまらなく刺激的であった。

この事務所のもうひとつの特徴は、プレゼンテーション力であった。いまでこそCADやCGでさまざまなプレゼンテーションが可能だが、当時はすべてアナログであり、海外のクライアントに対するプレゼンテーション力の大切さを教えてくれたのも、この事務所だった。

イラン国会図書館コンペ

スタッフにはパースや模型の一流のプロを迎え入れていた。ブエノスから来ていたラファエルのパースは特上だった。モンテビデオから来ていたホセ・バルキネイロは、手先の器用な日本人も驚くばかりの模型の名手だった。加えて、ブラジルではわれわれ建築家のもとに、設計の具体化を担当するプロジェティスタと呼ばれる技師がいて、さらに、そのもとにさまざまな設計デザイン図書を作成するデゼニスタと呼ばれる製図工がいる。

建築家というのは、大学出たばかりの若手であっても、これらのさまざまな職種の人々を束ねて「建築」する人を指すのだが、日本の建築士の立場とはかなり異なる。

このガスペリーニの事務所には約三年半勤務させてもらった。一流の場所で整然としたインテリア。ひとくちにいって「格好いい事務所」だった。すると気持ちも豊かになるものだ。

二年目だったと思う。ボスがテヘランの国会図書館の国際コンペにエントリーするという。私がチーフに選ばれた。最後の五日間、事務所に泊まり込み、裸足でかけずり回り、巨大な平面図と断面図をまとめあげた。もちろん脇ではラファエルがパースを、バルキネイロが模型をつくっていた。

長男レオを抱き上げてブラジリアの国会議事堂の屋根で万歳。議事堂の屋根にのぼれるのだ

作品は、最後に最年長のクロッチェが飛行機の手荷物でテヘランまで運ぶことになったが、ローマの空港乗り継ぎで作品が行方不明になり、大騒ぎになったことを記憶している。なんとか提出はできたが、残念ながら入賞することはなかった。もっともその後、イランではシャー・パフラヴィー皇帝の失脚により、この図書館建設は未遂に終わったのだった。

長男レオ（Leo）はガスペリーニ時代に生まれた。その当時の上司がユダヤ人女性建築家のレア（Lea）であったので、その男性形のレオと命名した。ガスペリーニはレオを「日本人の赤子ほど可愛いものはない」とかわいがってくれた。

ヘッドハンティング

ブラジルにすっかり馴染んで、しかも、最大手のガスペリーニ事務所で主任級の仕事を任されていたころ、ゲデス事務所で知り合い、バイア州コンペをともに戦ったウルグアイ人のエクトールから会食に誘われた。彼はセネッキ（CNEC）というブラジルで三番目くらいの大手総合コンサルタント会社の建築設計部長職にあった。

その会社がフォード社の新工場の設計を受注し、即着手しなければならないのだが人材が足りず、そこで私に声をかけてきてくれたのだった。初めてのヘッドハンティング体験だった。いきなり、いまの給料を聞かれた。正直に伝えると即答で二倍払うという。ひとつだけ条件があり、来週には出社しなければならないという。

私はすぐ結論に達した。お断りする。ガスペリーニにも事務所にも、そして給料にも不満はない。ましてや、いま担当している仕事をわずか一週間で放り出すなんて、考えられない。翌朝、ボスのガスペリーニに一応報告しにいった。すると立ち上がって私を抱きしめてくれた。ちなみに彼は、ヒゲの大男であったが、そのハグは私への最大級の祝福だった。

私は仁義を重んじてこのボスに報いるつもりが、彼は単純に私のサクセスとしてしか受け止めていない。後のことは気にせず、すぐにでも行け、というのだ。私は口にしていた。この一週間でいまの仕事のとりまとめと引き継ぎを完璧にやって去ります、と。かれは片手を払い、「いいんだ、行きなさい。おめでとう」の仕草をして微笑んだ。

大手コンサル社員

突然の豹変。本社ビルに名札をつけて出入りする。玄関ホールのなかには取引銀行の窓口がある。かなり充実した社員食堂もある。給料はガスペリーニ事務所のときの二倍。残業はない。部下がぞろぞろいる。なにからなにまで初めての経験であった。仕事も一流の大仕事で充実していた。懐かしいエクトールが脇にいるのもうれしい。

フォードが新発売した小型車「コルセル」の生産が追いつかず、急遽その塗装工場を新設する仕事だった。自動車の塗装工場は厳格な空気清浄を必要とする。機械設備のエンジニアたちとの共同作業であった。構造設計部隊とのやりとりも手応え満点であったが、デザインではほとんど参加できないことが分かった。

アメリカのフォード社から基本設計が渡されており、現地コンサルとして、その実施設計だけが仕事なのだ。フォード社は世界戦略として標準設計仕様が決まっているから、この段階で意匠面での工夫どころは細部に限定される。まあ、それはそれでいい経験ができたと思う。

日本企業の下請

二つ目の仕事がきたが、それは日系企業からの仕事だった。当時、川崎製鉄などがエスピリットサント州にコンビナートを建設していたのだが、そのなかの一施設で海水をポンプアップし、各プラントの冷却用水を供給するためのポンプ所の設計であった。

日系ということで、少々盛り上がった私だが、すぐに鎮火してしまう。フォードの場合とまったく同じで、現地企業の私に求められる仕事は、本国日本の設計事務所の基本設計の現地化実施設計に過ぎないのだ。

私のよく知る日本を代表する事務所の名の入った基本設計図書を受け取った。懐かしい図面の体裁なのだが、よく見るとかなり問題がある。まず一目見ただけで、柱の数が現地で必要とされる三倍はある。

社内の各担当と意見交換する。こんな設計をそのまま実施化するのは納得できない。不要なコストばかりかかるし、その建設費は結局、現地負担ではないか。でも、会社が受けた仕事は創造的設計業務ではなく、日本で完了した設計の現地向けアレンジであり、その程度のフィーしかもらっていないのだから、そのまま粛々と実施設計だけすればいい、と幹部はいうのだ。

結局、いうとおりの設計でその仕事は終えた。発展途上国への援助などによってさまざまな建設が進むが、おそらく、こうした現地側から見た不都合を無視して、日本流で建設が進んでいるのではないだろうか、と当時強く感じたものだった。

この話、おまけがある。日本側との打ち合わせに出席しろと役員にいわれた。ただし、ブラジル人スタッフとして出席し、日本語は話せないことにする、というのだ。

理由はこうだ。会議中、日本人同士であれこれ相談するのが日本語のため分からないので、彼らが何を話しているか、後で解説しろというのだ。社命なのでそのようにしたが、結果的には警戒されたからか、もともとばれていたか、問題発言などを聞き及ぶことはなかった。私が日本語を解さないという設定は、いくらなんでも無理だろうと思う。日本人同士なら分かるものだ。

再びジョアキム・ゲデス

大手コンサルの社員を満喫していたころ、ちなみに、わが修行人生で最も高額所得が保証されていた希有《けう》な時期だったわけだが、ジョアキム・ゲデスがぜひ食事したいという。会うと、わが人生二度目のスカウトだった。一九七五年に最初に修行させてもらい、一九七六年に勝手に脱出して約五年が経過していた。当時ゲデスが没頭していたのは、バイア州奥地に発見された燐鉱石を採掘するために建設するカライバという人口一万五〇〇〇人のニュータウンの仕事であった。

マスタープランのプロポーザルで見事優勝したことは、もちろん承知していたが、街に建設する建物の設計もすべて受注しており、そのチーフ格のスタッフがいないので、私に戻れというものだった。

ガスペリーニの事務所にいたときの最初のスカウトでは、拒絶反応が先行したが、今回はまったく逆で即座に了承してしまった。

あの尊敬するジョアキム・ゲデスに事務所の番頭として戻れといわれたのだから、素直にうれしかったし、なによりも国家的プロジェクトに参加できる業務内容面での満足も大きかった。なにせ、大手コンサルで日本の設計事務所の下請仕事のような日々であったものだから、すぐに飛びついたわけである。

ところで、ゲデスは食事の後半にさしかかったころ、いまの大手コンサルでの私の給与額を聞いてきた。正直に伝えると当惑していた。彼の予測よりかなり高額だったようだ。しばし考えていたが、その八〇％の額を心苦しそうに提示したその瞬間、私は了解していた。

その晩、妻には来月から給料が二割減ることを伝えた。翌日、さっそく担当部長に辞意を表明したところ、即座に給与の二割アップを提示された。その好意には感謝するが、金銭が目的でなく転職を希望する由を説明し始めたら、途中で退社を了解してくれた。お前の考えはまったく理解できない、といった表情だった。

バイア州奥地の
カライバ・ニュータウン。
この街のすべての建物は
ジョアキム・ゲデスの設計である。
私は病院と
小学校の一部を担当した
(出典『ジョアキム・ゲデス』
(2000)モニカ・ジュンケイラ・
デ・カマルゴ著)

カライバ・ニュータウン

そもそもブラジルという国を建築的に認識したのは、大学の講義で新首都ブラジリアを学んだときである。大谷幸夫先生からであったか、槇文彦先生からであったか定かではない。なにもないアマゾンの奥地にとんでもない人工的都市を建造したが、必ずしも良好な都市にはなっていないと解説されていたと思う。

ブラジルは広大である。そのほぼ中央に、ブラジリアはルシオ・コスタのあの飛行機型で知られるマスタープランで建設された。緩やかな曲線と力強い一本の直線とが交差する二つの都市軸が、気の遠くなるような黒い大平原の一角に、か弱き人間のがんばりの証しとして刻まれている。

ブラジリアのコンペには、当時のブラジルを代表する二六人の建築家たちが参加してその案を競った。ジョアキム・ゲデスもそのうちの一人で、コスタの当選案とはかなり異なる直線中心のグリッド都市を提案していた。

カライバ・ニュータウンのコンペでも、ゲデスの案は直線のグリッド都市であり、当選採用され、実現した。ゲデスは建築をその機能の徹底追求の結論としてデザインするという手法で、小さな住宅の設計でもビルでも、そしてニュータウンでも、妥協を許さず機能を優先するというのが信条である。

その結果、街路の方向角度は南国ブラジルでの太陽の軌跡にもとづく厳密さで決定され、情緒や感性によるデザインを徹底的に排除する。それゆえ、都市の骨格は彼にとっては直線でしかあり得なくなるわけだ。

ちなみに、各街区での建物の設計デザイン段階でも、太陽との関係での断熱、遮光、通風といった基本性能の分析をもってデザインを決定する手法が採用される。長年師事して感服するのだが、その結果のデザインの最終形は、限りなく美しく有機的ですらある。

機能を優先しすぎるとデザインがないがしろになるのではという問いには、毅然と答える。それは機能追求が不十分だからであり、自然界を見ればすべて機能が完璧であり、であるがゆえに、自然界のデザインは有機的であり、美しいではないかと。まったくそのとおりである。

エアコンのない病院

私はカライバ・ニュータウンの病院設計を担当した。奥地なので電気が潤沢ではなく、そもそも当時のブラジルでは空調設備そのものが未発達であったたし、熱帯建築では機械設備に依存しない自然換気などのローテクが優先される。

周辺は砂漠とまではいかないまでも、灼熱の大平原である。夏場の気温は四〇度を軽く越える熱帯である。だが、木陰は意外と過ごしやすい。さすがに手術室だけは開口窓通風というわけにはいかず、エアコンと滅菌装置を装備したが、病室は最初から自然換気で計画された。

土地はいくらでもあるので平屋の病院である。壁はすべて有孔レンガ積みで、空気層を挟み二重壁構造で断熱性を保つ。屋根は大型折板の勾配屋根で、天井との間にしっかりと空気層をとることで断熱性を高める。

屋根の軒の出や窓の庇の寸法や角度は、太陽角の計算値で緻密に決めていく。ゲデス理論では、それを完璧に追求するならば、その結果のデザインは自動的に自然界の最高美となっている、というのだ。たしかにそのように思える。

少々脱線するが、一九八〇年代当時、日本ではポストモダニズム流行の終盤であったと思うが、日本から送られてくる建築雑誌を見るたびに、ゲデスは「評価に値しない」と切り捨てていた。結果としてのデザインに機能性の根拠が見てとれないと判断し、そういうデザインは少なくとも建築のデザインではない、と日本人の私に声高にいい続けていた。

さて、屋根のディテールでは希有な苦しみを味わった。通気層をもつ二重屋根構造の

「糞《ふん》」との闘いの話である。軒先から空気を取り入れ、頂部の棟木で排気するのだが、吸気部の虫除けネットの納まりが難しい。巨大蛾《が》が好んで侵入してくるのだ。蛾といっても巨大で、その糞尿は鳩や雀のそれに匹敵する。病室の天井からバサバサと降ってきてしまうほどなのだ。蛾の侵入を絶対に許してはならない。

いまの日本なら特に問題ではなかろうが、当時、現地調達可能な素材でそれを成し遂げるには「工夫」が必要だった。普通のネット材をモデュール化して、留め金などにも工夫をして、あれこれ試行錯誤して完成させた記憶があり、なつかしい。なにごともメーカーの製品などに依存するのではなく、ローカルな素材と施工技術を組み合わせて「工夫」することを学んだ。けっこう楽しいものだ。

セスキ(SESC)イピランガ

ブラジルの産業界は商業系と工業系の二つの組織に区分され、そのそれぞれが独自に産業振興、労使関係、従業員の福利厚生などを司る。政府が弱体で手薄になりがちな部分を産業界自らがカバーする仕組みだ。従業員の福利厚生の一環として文化やスポーツ振興を受けもつ団体が、商業系はセスキ（SESC)、工業系はセズィ（SESI）と呼ばれる施設であり、全国にたくさん建設されている。

ゲデスは、そのセスキの理事長からイピランガというサンパウロ市でも歴史的に重要な地域の新しいセンター建設を依頼された。スイミングプールを核としたスポーツセンターと、劇場や図書館などを核とした文化センターを一緒にした施設である。

敷地は古い邸宅のあった鬱蒼《うっそう》たる森である。ゲデスはいつもどおり敷地分析と機能分析に没頭し、特に重要な高樹齢の大木を一〇本ほど選び、それらを残すことを優先した配置計画と基準階平面を追求していった。いきおい基準階平面は既存樹木に切り取られた格好となり、複雑な平面構成とはなるが、まさに有機的なデザインとなり、またオリジナリティの高い作品となるはずであった。

実はこの建物は実現しなかった。実施設計も完了し、日本の確認申請にあたる法的許可も終えていたのだが。理由は、この一連の設計プロセスのなかで、建て主側のトップである理事長との意見があわず、ついに大げんかとなり、理事長が設計契約を破棄する事態にまで進んでしまったのだ。

終盤の私の仕事は現場監理ではなく、理事長との裁判の資料づくりへと変わってしまった。ぜひ実現したかった私が中心にまとめたゲデスのビッグプロジェクトであっただけに、痛恨の出来事であった。

ちなみに、その数年後にゲデスの親しい友人である建築家リナ・ボ・バルディが担当したセスキ（SESC）ポンペイアは見事に竣工した。古い工場建築を保存・再生、コンバージョンしたリナの晩年の名作である。

ミゲール・ペレイラ

ジョアキム・ゲデスの周辺には、ブラジル建築界を代表するさまざまな要人たちが多く出入りしていた。プロジェクトの作業とりまとめは、ほとんど私に任されていたし、夜遅く事務所に帰還するボスを平気で待ち続ける私がいた。

久しぶりにボスのチェックを受けられる喜びで図面と模型を用意すると、再び出かけるという。市民劇場でのリサイタルに駆けつけて、プリマドンナに花束を手渡すのだそうだ。そのあと戻るから、それから打ち合わせをしたいという。夜、再び現れると、今度はお腹が空いたので食事はどうか、といい出す。妻が家で待っているからと断ると、では妻の美穂も一緒に食事だという。こうして劇場とレストランをひととおりこなしたあと、深夜の事務所へ帰還となり、打ち合わせをするのだった。

ほんの一例だが、ボスのゲデスの交友範囲の広さには驚かされた。アフリカから白装束の建築家たちが来訪したときは、私にサンパウロの街を案内しろという。国際建築家連合（ＵＩＡ）の活動にも熱心で、交友範囲は世界中に広がっているのだ。

　そんななか、ミゲール・ペレイラというブラジル南部の街、ポルト・アレグレ出身の建築家が事務所に合流してきた。ブラジル建築家協会（ＩＡＢ）会長を務めた男である。すぐに親しくなった。事務所に合流するまでブラジリア連邦大学で教鞭をとっていた彼は、学識派、理論家の建築家であった。

　日本への帰国後も、ミゲールとの交友は続いた。ＵＩＡ大会ではいつも再会したし、ＵＩＡの副会長の職につくこともあり、何度か日本にもやって来た。残念ながら、昨年、他界したとの悲しい知らせが届いたのであった。

ブラジル建築家協会（ＩＡＢ）の会長だったミゲール・ペレイラとは公私にわたる付きあいで、1984〜85年は事務所のパートナーでもあった（2014年逝去）

クレア（CREA）という建築家資格

ところで、私にはブラジルでの建築家ライセンスがなかった。ボスのゲデスの番頭を続ける限りは無用の資格ではあるが、そろそろほしいと思っていた。そもそも日本の一級建築士のような制度ではなく、認定大学の卒業実績そのものが建築家資格となる制度なので、現地の大学を卒業していない私は、どこかの大学の卒業資格を取得するしか選択肢はなかった。

そこで、親しくなったミゲールが、ブラジリア連邦大学での卒業資格認定を勧めてくれたので、さっそくその手続きに入った。まずは、私の母校である東京大学工学部都市工学科の卒業証明および履修科目証明をブラジリア連邦大学に提出することから始まった。

ちなみに、すべての書類は公証翻訳でポルトガル語にしなければならない。かなりの費用がかかる。それでも意義があると納得し、すべての書類をポルトガル語で用意して審査結果を待った。そのまま合格を期待したのはいうまでもない。

ところが、東京大学での私の履修履歴に二科目の不足があると指摘された。ブラジル建築史と熱帯建築原論の二単位だという。たしかに日本では履修しようのない科目である。その二科目ともに論文提出が求められたので、いい勉強の機会でもあると納得し、かなりの書籍も購入して勉強を開始した。始めてみるとたいへん興味深い内容であり、どんどんハマっていった。

そもそもアマゾンの奥地の病院だって設計実績があるのだ。熱帯建築だって若手のブラジル人スタッフに講義するほどの知識も身についていた。

ところが、いけない。会話中心にブラジル生活を続けてきた私にとって、ポルトガル語での論文執筆は思わぬ苦戦を強いられることになった。結局、論文提出できぬままに数年が経過し、結局そのまま日本に帰国してしまった。よって、いまだに私はブラジルでの建築家資格を所持しない。

マニーニとパウロ

二度目のゲデス事務所での勤務では、ミゲール・ペレイラのほかに、以前に勤務したことのあるイタリア系のルイス・マニーニが復帰し、ボス・ゲデスの実弟であるパウロ・ゲデスも同僚として仕事をしていた。

私のブラジル生活も七年目から八年目へと進み、長男レオに次いで次男ヴィクトールが生まれ、この子たちの将来の教育を考える必要もあり、そろそろ日本への帰国を意識するようになっていった。

　ちなみに、サンパウロにはかなり大きな日本人学校があるのだが、日系企業が出資して駐在員子弟の教育のために経営されているため、現地事務所勤務の私の子どもたちには入学資格がないということも通告されていた。さいわい親しい理事の一人に特別にお願いして、長男レオの小学校入学だけは年数制限つきで認められたが、二人の子どもたちは初めからポルトガル語で育っており、学校では日本語で苦労したらしい。

　ブラジル生活に十分慣れて、経済的にもゆとりができ、二人の子どもたちをのびのびと育てられる。家には家政婦がいて掃除も行き届いている。市内の高級住宅地の高層アパートに住み、ワーゲンの中型車とシボレーのステーションワゴンを使い分け、週末のクラブ通いや友人宅でのパーティ、そして、私の特技のヴァイオリンでも楽団に所属

典型的ブラジリアンのルイス・マニーニ(右端)は愛すべき同僚。学生時代はミュージシャンでもあった。ジョアキム・ゲデスの末弟であるパウロ・ゲデス(右から二人目)は現場大好き技巧派で、ブラジル式建設実務を教えてくれた(1991年逝去)

してリサイタルを定期的に開催する。そんな生活が定着しつつあった。

同僚で同世代のマニーニとパウロとは、家族ぐるみの付きあいをしており、ブラジル流の中流社会の典型的な生活を謳歌《おうか》していた一九八〇年代前半であった。

共同事務所CPPC独立

私が帰国を口にしだしたそのころボスのゲデスは、焦って帰国するのではなくあと二年間じっくりと修行の締めをしてから帰国することを勧めてくれた。その二年間で未経験であった「建築事務所経営」を叩き込むといってくれたのである。

そのころの同僚であったミゲール、マニーニ、パウロ、ナーンジョ、そしてゲデス本人の計五人がディレトール（取締役）となり、新会社をつくるという。その新会社の名はCPPC。センターのC、プロジェクトのP、プランニングのP、コンサルティングのCの四文字を並べたのである。

全員が自由に活動する連合軍であり、ゲデスから支払われて

いた給料はなくなり、自ら営業して仕事をとり、自らの責任で仕事をとりまとめ、スタッフへの給料も支払う側となる。

資金繰りに銀行へ出向き、雇用トラブルに振り回され、気がつけば仕事量が減り、仕事の内容水準も減衰する。独立とは、こういうことかと思い知った。そうこうしているうちに、仲好し五人組であったはずなのに、仲間同士に軋轢《あつれき》が生まれる。

仕事をとってくる者とそれができない者との不協和音。デザインの方向性に関するいざこざ。大ボス・ゲデスのもとで仲好くやってきた同じメンバーが、それぞれ独立した途端にうまくいかなくなった。

ゲデス事務所の取締役5人が
新組織CPPCを設立したのだったが、
私の帰国を契機に
もとのゲデス事務所へ戻っていった

レストロ・アルモニコ

話は戻るが、ガスペリーニの事務所に移ったときの最初の部下が日系ブラジル人二世のフンベルトだった。日本の国費留学生試験に合格し、日本の大学に行くという。東京大学と京都大学どちらがいいか、先生を紹介してほしいなどと相談があった。結局、京都大学の鳴海邦碩助手（当時）を紹介し、京都を中心に日本で学び、帰国後はパラナ州ロンドリーナ大学教授となるフンベルト・ヤマキである。

その彼が余技でヴァイオリンをオーケストラで弾いているという。日本留学で欠員となるので、後任にどうかと誘ってくれた。一応、楽器は持参していたものの、二年近くは演奏しておらず不安はあったが、フンベルトの紹介でオケの練習に参加したのだった。そのことがきっかけで、私のヴァイオリンでのサンパウロデビューが実現することになる。

大学オケのころは、私がかなりの時間を割いていたことは述べたが、いずれにせよ、アマチュアリズムにあぐらをかいた世界にいたのだと思う。

ところが、サンパウロではその差があまりないようなのである。メンバーのなかにはプロのオーケストラに所属し、学校で教えたり、音楽で生活している者も半分くらいいる。演奏会に参加すると、なんと給料がもらえるのだ。だからというわけではないが、いったん消えていた音楽への情熱に火がついて、サンパウロでもヴァイオリン弾きの私が活動を開始した。

いくつかのグループを経験したが、友は友を呼び、レストロ・アルモニコと称する室内弦楽合奏団の一員となった。ヴィヴァルディの「四季」の演奏などで有名なイタリアのイ・ムジチ合奏団と同じ編成で、こちらはヴィヴァルディ作曲の別の曲集である作品3の12「調和の幻想（レストロ・アルモニコ）」をレパートリーとする楽団である。

コンサートマスターは、若いころジュリアード音楽院に学んでいたというサンパウロの富豪であるオスカー・ラッフェルで、世界最高値といわれる名器ストラディバリウスを奏でる演奏家である。私は彼の隣でファーストヴァイオリンを弾いていた。

あるとき、オスカーから電話があり、日本のテレビ局が取材を希望しているようだが、言葉がよく分からないので私に任す、というので会うと、当時の日本の人気番組『大橋巨泉の世界まるごとＨＯＷマッチ』の取材だという。

オスカーの所有するストラディバリウスの値段を当てるクイズ番組だが、演出として彼の生活やわれわれの練習風景なども取材するという。肝心のお値段はたしか五億円だったと記憶するが、彼の自邸の音楽室で番組制作会社イーストのご一行が大がかりな撮影を行ったのを覚えている。

後日、友人からの手紙で「テレビを観ていたら、突然、南條の演奏する姿が放映された」と連絡があった。ちなみに、彼はもう一本ストラディバリウス

レストロ・アルモニコのコンサートを1985年の帰国まで続け、建築と室内楽の二刀流が実現していた

を所有している。前のストラディバリウスを五億円で売却したという話も聞かない。

サンパウロ弦楽四重奏団

そのころ、彼オスカーは弦楽四重奏団をやりたがっていた。世界的にも有名なアマデウス弦楽四重奏団を自宅に招待し、一緒に演奏を楽しむほどの富豪なのだが、なかなかブラジル人同士だとうまくいかないようだ。ちなみに、彼はユダヤ系である。

彼は私にヴィオラを担当してほしいという。二つ返事で受けたいところではあったが、実は私はヴィオラという楽器を持っていないので断ると、ストラディバリウスではないがそのクラスの名器を貸してくれるという。ついでにヴァイオリンと両方入るダブルケースも借りて、合奏団ではヴァイオリンを、そして四重奏団ではヴィオラを弾く生活が始まった。

四重奏団の名は、そのまますばり、サンパウロ弦楽四重奏団。ヴァイオリンはそのオスカーとロベルト、そしてチェロはトーマス、その三人全員がユダヤ系で、私だけが浄土真宗？だった。

日本では趣味の音楽は日曜日に公民館などで練習するのが普通だが、ブラジルでは土・日は安息日優先であるから、練習は平日の夜九時から週二回誰かの自宅で行う。仕事を終え食事を済ませシャワーを浴びて、それから車で練習に出かける。練習後はアフターの反省会（飲み会）が楽しみで、しかも、当時は車を運転して平気で帰宅していた。

吉崎夫妻の帰国

われわれのブラジル移住を決定づけた妻の両親も高齢となり、実は一九八四年には日本に帰国していた。義父の吉崎は一九八〇年にはパラグアイの農場を次世代に託し、ブラジルに移り住んでいたが、ブラジル各地で活躍するかつての教え子たちから引っ張りだこで、アマゾン川河口の街ベレン、サンパウロ州奥地のリベロン・プレット、ブラジリア近郊のグァタパラといった農業拠点を点々としていた。吉崎に来てほしいかつての教え子たちは、農場内に吉崎のために家を一軒建てて呼びにくるのである。

昨年に亡くなられたフィリピン・ルバング島からの帰還兵だった小野田寛郎さんは、ブラジルでの牧場経営の指導を吉崎に求め、パラグアイの農場に学んだこともあって、サンパウロの私の家で吉崎と会ったりしていた。

建築家ジョアキム・ゲデスは三足のわらじをはいており、銅線の製造業マルシカーノ社の社長を務めるほか、サンパウロ州郊外のアヴァレという土地に広大な農場も保有していた。

プロフェッサー吉崎がパラグアイからブラジルに移り住んだことを私から聞いたゲデスは、どうしても彼のアヴァレの農場の生産性を高めるために有機農法を導入したいと吉崎の協力を求めてきた。数か月間ではあったが、吉崎は二度農場に出向き、いろいろと指導をしたようである。

一度目は私が通訳を務めたので、普段使うことのない農業用語を覚えたものだ。二度目の訪問では私が忙しくて行けず、ゲデスが直接迎えに来て吉崎を連れて行った。満州を皮切りにヨーロッパ、アメリカ、パラグアイ、ブラジルと人生の過半を国外で過ごした吉崎である。三日間、英語で建築家ゲデスと行動をともにしたようである。結果として、どの程度ゲデス農場の経営に寄与できたか知る術はないが、ゲデスは

ゲデスのアヴァレの農場には家族で招かれた。写真は義父・吉崎が農場顧問として滞在したときのもの

喜んで謝金を支払っていたことは事実である。

すでに八〇歳にもなった老人が、ブラジル奥地を点々とする生活には、さすがに家族も同調しかね、本人を説得して夫人とともに一九八四年には日本に帰国してもらったのだった。

帰国願望の正体

二年のテンポラリー労働ビザでブラジルに渡って一〇年が経過していた。充実した音楽家としての生活。子どもたちとの週末のクラブ生活。なにからなにまでプラスとして評価できてしまう。であるにもかかわらず、徐々に自分のなかに鬱積《うっせき》するなにかが限界に達しようとしていた。

ブラジルでは労働法により、年に一か月間の有給休暇が義務づけられている。実際は運用で、その半分は労使が合意すれば金銭で精算できる。翌年に繰り越すことも可能だが一回限りなので、結果的には二年に一度は少なくとも丸一か月の休暇を消化する必要がある。本来は二か月だが、多くは半分を金銭で受け取るので、二年に一回、一か月分の給料で一か月間のバカンスを楽しむことになることが多い。

というわけで、私の場合は二年に一度の一か月休暇の半分は日本で過ごしていた。家族全員での帰国は、次男が満一歳になった一九八二年だったと記憶している。

さすがに、私の両親は寂しさを隠せなかった。長男が生まれたとき、両親がはるばるブラジルまで会いに来てくれたが、その遠さに憔悴《しょうすい》し、二度と来ることはなかった。次男とは一九八二年の一時帰国が初めての出会いで、次がいつかも分からない。

妻の両親もすでに日本に帰還していた。仕事のうえでは大手コンサルCNEC勤務のころ、日系企業の下請を現地採用で行う身分に、少なからず不快感をもってしまった。

そのとき、東京の大手町でこの図面を作成したのはおそらく自分と同世代の日本人だろうと想像した。自分はその人たちの図面を現地で受けて、しかも設計内容に不満を感じながらも、現地企業の一員として作業に参加していたわけである。東京にいるであろう建築関係者の顔を想像するようにだんだんとなっている自分に気がつき始めていた。

五人組でCPPCを始めたころ、自分も自分の力で仕事を受注しなければと焦った。それでも相変わらずジョアキム・ゲデスだけは着々と、しかもブラジルの本格的なプロジェクトの依頼を勝ちとってくる。日本人の自分はどうするか。

義父・吉崎の教え子たちのなかには、農業で大成功を収めた人たちもいる。そのコミュニティを対象とした日本語の雑誌に、住宅設計論を連載したことがきっかけで、五軒ほど自宅設計の依頼をいただいた。それをCPPCの仲間たちと設計し、仕上げていった。どれもサンパウロ郊外の農村地帯の住宅である。初めての自分への設計依頼をうれしく思った。ブラジルの国土に、いまもこの五軒の住宅は建っている。しかしそのころ、ボス・ジョアキムのクライアントの住宅の設計も担当しており、同じ住宅設計とはいえ、その土俵の違いを正直感じ始めていた。

同時に、日系企業にも働きかけをするため、サンパウロ日伯商工会議所に入会し、月に一度の昼食会に参加するようになった。そこでいくつかの設計の依頼を受けることができたが、非常に印象的だったのは、こうした企業の現地法人の東京本社との関係を垣間見たことだった。大きな工事発注があるとしても、現地で設計者選定の権限はほとんどない。日本の設計事務所が基本設計まで日本側で済ませ、その最後の実施設計だけがサンパウロに送られてくる構図は、すでにＣＮＥＣでも経験していた「あれ」である。

涙の帰国、さらばブラジル

次第に荒れる日常に変わっていった。日本企業が相手ならば、東京でないと事の核心にはかかわれない。さりとて、ブラジル社会が相手といっても、ジョアキム・ゲデスやガスペリーニのような上流社会のバックボーンを私はもたない。ブラジルの日系社会にしっかりと根づいてはいるが、建築文化のスポンサーとなりそうには思えない。

私はそもそも東京生まれの東京育ちの日本人である。家族も友だちも同僚も、そして企業も行政も私を待っているに違いない。ここまでくると、私にとって帰国はもはや止めることができない必然となっていた。

妻がいった。「帰りましょう。このままでは、きっと、あのとき帰国しておけばよかったという悔いが残るから」

ゲデスを筆頭に、ミゲールもマニーニもパウロも、皆理解してくれた。レストロ・アルモニコの音楽仲間たちも、みな理解してくれた。日本語が不得手な二人の子どもたちは不安だったろうが。

一〇年前にブラジルを目指したときと同じような準備に明け暮れる日々が続いた。家財のほとんどは家政婦のマリアが喜んで引き取りに来てくれた。二台の自動車も片づいた。送別会も何回やってくれただろうか、勘定しかねる回数だった。

一〇年間、私はこんなにもブラジル社会に溶け込んでしまっていたのだ。とにかく日本に帰ろう。やるだけのことはやろう。そうでないと、一生後悔をかかえて過ごすことになる。東京でだめなら、そのときは晴れてサンパウロに戻ろう。きっとブラジルの輝きだけを満喫できる自分になっているだろう。そうだ、早くサンパウロに戻ってこよう。

一〇年前の入国は市内のコンゴニアス空港だったが、今度は隣町グアルーリョス市の新空港に変わっていた。マニーニが、パウロが、エクトールが、見送りに来てくれたのだが、涙々でよく覚えていない。

笑顔で希望に燃えて一〇年前には羽田空港を出発したのだが、このたびは、悲しさで号泣する父親を不思議そうに見守る二人の息子が無邪気にはしゃいでいた。一九八五年三月二〇日、私のパスポートにブラジル国出国の印が押された。

三章

基盤

アトリエを創る

青山のブラジル大使館

一九八五年四月初旬、一〇年振りの東京で真っ先に訪問したのが東京・北青山のブラジル大使館であった。

さかのぼること五年、サンパウロのジョアキム・ゲデスの事務所所員だったころ、新築する大使館の設計者候補に選ばれ、勝てば、それを機に東京で勤務できるかもしれないという夢を描きながら、私がプロポーザルを担当していた。結果は友人の日系二世ルイ・オオタケが選ばれ、私の勝手なシナリオは実現しなかった。

というわけで、北青山のブラジル大使館は私にとって特別な建物なのである。だから、真横か真前に自分の設計事務所を開きたいと思った。毎日通い、近くの不動産屋をめぐり、何か

ルイ・オオタケ設計のブラジル大使館(東京都港区北青山)。
ジョアキム・ゲデスが選ばれれば、
この建物の設計担当として帰国するはずだった

所かの候補物件を見て回ったが、東京の、しかも青山の家賃の高さに衝撃を受けることになる。ようやく絞ったメゾン北青山という2DKを諦める決断のそのとき、たまたますぐ後ろを通り過ぎる二人組から懐かしいポルトガル語の会話が聞こえてきた。

妻と四歳になる次男と一緒に、思わず彼らに声をかけていた。ブラジル大使館勤務の一等書記官であり、建築家でもあるアリエール夫妻だった。この出会いは決定的で、一度断念した事務所を一気に契約してしまい、そして事務所登記へと駒を進めた。

一九八五年五月二五日――。この日が株式会社南條設計室の開設日なのである。

ブラジル風アトリエ

事務所のカタチはことごとく「ブラジル風」にこだわった。ブラジルでの終盤二年間、師ゲデスから建築設計アトリエ運営のいろはを学んだことがその理由である。最初の雇員が秘書の三原理美さんであったり、仕事がなにもないのに顧問弁護士や会計士事務所との契約を先行したことなどは、私にとっては必然であったが、周りから見れば正気の沙汰ではなかったのだろう。

当時、母校の東京大学工学部都市工学科の博士コースに在学中だったブラジルからの留学生エミーリオ・タチバナとその夫人ルシレーネ・タチバナが最初のアルバイトスタッフであった。メゾン北青山の一室でポルトガル語のまま南條設計室がスタートすることになる。しばらくすると、知人の紹介で、フランスから帰国したばかりの古林史玄瑠さんが合流する。夫人はフランス人で、さっそく所内でフランス語講座が始まった。ブラジル人、ポルトガル語、フランス人、フランス語。それらが錯綜する奇異な事務所だったに違いないが、私にとっては一〇年間のサンパウロ生活の延長に過ぎなかった。

あとは「仕事」さえあればいいのだった。

業務工番RNO850—

ゲデスの事務所では、あらゆる業務に通し番号を冠して、図面や報告書などに記載するとともに、経理処理にいたるまでの整理番号としていた。私の事務所でも真っ先にそれを踏襲、採用した。アルファベット三文字と数字四桁で表す。たとえばRNO8501の場合、Rは用途の住宅を、Nはクライアント名の南條を、Oは所在地の大森を、85は西暦一九八五年を、そして最後の01が通算番号を表す。99まで進むと01に戻る。よって一周で九九案件となる。

このRNO8501という仕事は、私の実家の改装の仕事であり、南條設計室の業務第一号を意味する。そして、このシステムは三〇年間継続しており、二〇一五年一月時点での最新業務の工番はPIO1591である。この番号を社内では「工番」と呼んでおり、図面や報告書に表示するほか、契約書や請求書、領収書などにも登場する。サンパウロで学んだすぐれたシステムだと信じて、三〇年後の現在も使用している。

ダイレクトメール大作戦

思えば、一〇年という空白は大きい。浦島太郎が玉手箱を開けたようなものだ。日本社会も、そして自分もすっかりと変わってしまっている。体重は一〇キロも増え、ヒゲヅラが定着し、挙動はラテン風、身にまとう衣服もすべてブラジル製だったわけだ。相当「変な」日本人であったであろう。

とにかく、帰国と事務所開設の周知をしなくてはならない。まず思いついたのが同窓会名簿であった。筑波大学附属駒場高等学校の同窓会名簿、東京大学工学部都市工学科の同窓会名簿、東大オーケストラのOB名簿である。

建築や都市開発などに関係がありそうな先輩や後輩宛てに「ご挨拶」を郵送した。

二〇〇〇通くらいは切手を貼ったと思う。それを知った仲間はあきれていたし、ブラジル帰りの南條のやることは理解しかねる、と笑っていた。

うれしいことに、さまざまな温かい声援が返ってきた。直接は存じ上げぬ大先輩が突然、事務所に来てくださったり、手紙や電話での激励や問い合わせもいただいた。

とはいえ、実績ゼロのできたての事務所に、いきなり仕事を注文する会社があろうはずもない。何人かの親族関係者からの情報で、いくつかの企業や団体に経歴書の説明をさせていただいたり、企画提案をさせていただいたりと、必死で少しずつ事務所を始動させていった。

あとから、このころのことを振り返るとき、その一〇年前のサンパウロでの就職活動でジョアキム・ゲデス事務所に日参したときと比較してしまう。不思議なことに、日本でのこの時期に「不安」はなかった。事務所を始めることに不安がなかったという意味ではない。なぜか、あくまでも強気一本槍の自分があった。

サンパウロの生活をたたむ決断のとき、家族に言ったとおり、それがこの強気の源なのだ。恵まれて充足していたサンパウロでの生活を続けるのではなく、東京でのトライアルを一度だけしてみたいと悩み続けた自分には、一方で、東京がだめならそのときこそ晴れてサンパウロに戻って定着すればいい、という考えがあったからなのだ。

東京でのトライアルでは徹底的に体当たりする。その結果がでなければ、直ちにサンパウロに戻れば、かえって楽になるかもしれないのだ。とにかく急ぎたかった。やれることはなんでもやってしまい、結果を見たかったのだった。

それが、このダイレクトメール作戦であり、電話帳イエローページ作戦だった。

外国人向け住宅

挨拶するも会社訪問するも、思えば、この国での実績が皆無の事務所に仕事など来るものではない。どうすれば一〇年不在のハンディをメリットにすることができるだろうか。

青山でばったり出会ったブラジル大使館のアリエール夫妻との付きあいから、東京の外国人らの生活を垣間見ることができた。サンパウロでの彼らの生活とすっかり重なるリッチな生活であった。バブル期に向かっていた当時、東京の一等地に外国人向けの住宅をビジネスとする世界があることを知った。

これなら、先月までの設計感覚をそのまま活かしてアピールできるかもしれない。さっそくイエローページを検索すると、不動産斡旋《あっせん》業の一角に外国人向けのコーナーがあるではないか。ブラジルでの住宅設計の実績を簡単にまとめ、片っ端から電話をかけて面会を申し入れてみた。こんな行動も、少しでも早く東京での適否、可否の結論を出したいという攻撃的心境のなせるわざだった。

当然とはいえ、ほとんど反応はなかったのだが、数社が関心を示してくれて訪問面談が実現し、私のブラジル一〇年というやや数奇な経歴に関心を寄せてくれたのは何よりも幸運であった。それがなければ、二年以内に東京の活動をたたみ、サンパウロに帰還していたかもしれない。

外国人向け住宅とはそもそもなにか。まずは絶対的な面積・広さである。これはデザインと関係ないので、設計側の力量の問題ではない。しかし、同じ面積でも、より広く見せるデザインはある。

とにかく広い家ばかり一〇年間も設計してきた私は、巧みに階段下にトイレをはめ込んだり、隙間収納を随所に取り入れたりはできない代わりに、空間の広がりや連続性に外国人好みを演出する術は身につけていた。

リビング、ダイニングをすべて地下につくるという発想は、ブラジリアでは普通のことだった

そんな私を評価してくれた一人、KENコーポレーションの佐藤繁部長（現・社長）は、外国人仕様を日本の建築家に求めるといろいろ回り道でたいへんだが、私だと話が早いのがいい、といってくれたものだ。マスターズ建築企画の上條社長やランドマスターの大橋社長などからも同様の支持をいただき、なんとか南條設計室が外国人向け住宅という特殊ジャンルの滑走路から離陸することができたのだった。

『近代都市計画の百年とその未来』

ブラジルではボスのゲデスの知名度と実力で、国家プロジェクトなどにもかかわることができていた。若いころの葛藤であった「都市か建築か」は、ブラジル体験によりストレスではなく、建築家の必然と思えるようになっていた。だから、普通に日本でも都市にかかわりたいと願った。そもそも私は都市工学科で学んだ身なのだ。

一九八七年だったと思う。恩師の川上秀光先生から電話をいただき、大学を訪問した。折しもブラジルからの留学生であるエミーリオが川上研究室の博士課程にいた。先生は日本都市計画学会の学会長の職にあられたのだが、翌年の一九八八年は、わが国最初の近代都市計画法制である東京市区改正条例施行一〇〇年にあたることから、その記念誌を編纂《へんさん》するので、その編集事務局をやらないかとおっしゃるのだ。

　私はそのような仕事では経験も実績もないし、浦島太郎状態で人脈も途切れているので、自信がなくご辞退したのだが、ほかの候補も辞退されるに及び、結局お受けすることになり、たっぷり二年間、事務局を経験した。不備だらけだったとは思うが、多くの方々の協力を得て、一九八八年には彰国社から『近代都市計画の百年とその未来』が刊行できた。

　全二八〇頁カラーで、日本の近代都市計画史を過去・現在・未来の三部にわけ、全項目を和英対訳とする大著である。日本都市計画学会の編集委員会には、大村謙二郎、大方潤一郎、藤森照信、倉田直道、佐藤滋、西山康雄ら多くの若手研究者らが名をつらね、分担

この大著
『近代都市計画の百年とその未来』の
編集事務局を務めたことで
10年のブランクを短期間に埋めることができた

執筆したのだった。

事務局機能を学会から委託された南條設計室は、主に各執筆者との連絡と編集・印刷を担ったのだが、その過程で一〇年間の空白を一気にとり戻すごとく、わが国の都市計画分野の多くの研究者との再会がかない、その後の私の活動にも大きな影響を残すことになったのだった。

新日本建築家協会（JIA）

青山に事務所を構えた理由がブラジル大使館であることは述べたが、その青山に建築家の協会の本部があった。歩いて三分ほどの近さである。

建築を志したころから、将来建築家になれたなら、その会に入会するものだと勝手に思っていた。気がつけばブラジルに一〇年も回り道し、むしろブラジル建築家協会（IAB）の活動にかかわっていたのだが、いよいよ日本で事務所を開設し、建築家として仕事を始めたので、さっそく入会申し込みに参上した。

一九八五年当時は日本建築家協会という任意団体だったが、一九八七年に社団法人新日本建築家協会（JIA）へと組織変更する時点で、正式に入会することになった。その後、一九九六年に社団法人日本建築家協会と改称し、二〇一三年には公益社団法人へと改組する。一九八七年の入会当時は、関東甲信越支部のデザイン部会に所属し、若手の一人としてさまざまな活動を経験した。一九九二年からは関東甲信越支部の副支部長を、一九九九年からは本部理事を仰せつかっている。一九九四年からは自らが発会に参加した都市デザイン部会の部会長を八年間もお務めした。また、二〇〇八年からの四年間は本部の職責委員会委員長を仰せつかり、会員の規範向上の一端を担った。現在は渋谷地域会の代表を務め、主に渋谷区におけるまちづくりや防災などに関する建築家団体としての活動を行っている。

アール・アイ・エー

ブラジルへ渡る前、社会人として建築家・山口文象の事務所、ＲＩＡ建築綜合研究所（現・アール・アイ・エー）に所属していたことは冒頭に触れた。山口先生からの励ましのお言葉を噛み締めてブラジルに渡った私は、先生の教えを忠実に実践したと自負している。安易に日系社会に近寄ることを避け、ブラジル人エリート層の人脈を追い求めてきた。先生の教えに感謝いっぱいである。その先生も残念ながら一九七八年に他界された。翌七九年、一時帰国の際、久が原の先生宅でご焼香させていただき、ブラジル報告をした。

青山に事務所を構えた私。外国人向け住宅の設計を始め、都市計画学会のお手伝いを通して必死に日本復帰に努めていた私。でも、事務所を軌道に乗せるのは容易ではない。しかも、速攻で頑張って日本での行く末に黒白をつけたいと願っている私。

古巣のアール・アイ・エーにはたびたび顔を出していた。世代は変わっていたが、近藤正一社長ほか、昔のメンバーがやさしく迎え入れてくれた。そして、事務所はあるが仕事のない私に、いくつかの仕事の手伝いをさせてくれた。うれしかった。

一〇年前に必ずしも十分な礼節をもって去った私ではないと自覚していたし、帰国後は当面の就職のお誘いもくださっていたのに、強引に事務所開設に走ったのには理由があったとはいえ、アール・アイ・エーには甘えの連続だったと思う。

当時、専務だった伊達美徳さんには神奈川県横須賀市の仕事をお手伝いさせていただき、なんと一九八八年には南條設計室に取締役としてお迎えすることになった。近藤正一さん（現・名誉会長）の後任の社長・石田宏さん（現・相談役）は、実は高等学校の先輩でもあり、いまなお親しくお付きあいいただいているのだが、沖縄のプロジェクトを手伝わせてもらった。現・社長の宮原義昭さんとは同世代仲間であり、東急電鉄のプロジェクトのお手伝いをさせていただいた。

長谷川工務店とみはらしの家

一九八六年当時、千葉県の新浦安駅周辺の開発は長谷川工務店（現・長谷工コーポレーション）が中心に進めており、アール・アイ・エーがかかわっていた。その長谷川工務店が取り組むいくつかのプロジェクトに、一〇年前にマスタープランを担当した私がOBとしてお手伝いをするチャンスをいただいた。

一九八六年、東京・港区ではウォーターフロント開発のモデル提案を求めるアイデアをコンペ募集していた。港区都心型住宅市街地設計競技である。港区に本社を置く長谷川工務店は、このコンペでの必勝を期して取り組むことになり、アール・アイ・エーと南條設計室の三社でチームを結成し、コンペ案を提出した。

選外佳作という結果ではあったが、港区立図書館に公開展示され、作品集にも掲載されたことで、お手伝いした結果が結実したと思う。そのチームに大栗育夫氏がおられ、連日の議論と作業に取り組んだ。その大栗氏は昨年まで長谷工コーポレーションの社長を務められ、現在は会長職にある。

その後も、このチームでいくつかのコンペに挑戦するようになっていったが、一九八六年には住宅・都市整備公団（現・都市再生機構）の集合住宅用地譲渡先を決めるプロポーザル

ファインヒル稲城の「みはらしの家」は
長谷川工務店との初めての大規模集合住宅だった

に応募し、それまでの常勝の大手企業チームを押さえて入賞したのが、東京都稲城市向陽台の「ファインヒルいなぎ」の一角にある二六六戸の大型集合住宅「みはらしの家」である。

南側の緑地と東遠方の新宿副都心を同時に眺望することができる雁行配置とし、それを「みはらしの家」と命名したのは私である。このプロジェクトではランドスケープのスペシャリストである井上洋司さんとのコラボレーションが実現した。スペインに遊学経験のある氏とブラジル帰りの私とは、波長が見事にあい、その後もよきパートナーとしてさまざまなプロジェクトで競演することになる。

「集合住宅で都市をつくる」という、その後の私のマイルストーンがこのみはらしの家プロジェクトだといえる。まだ所員も四～五人の時代だったと思う。青山の2DKアパートでの壮大なプロジェクト、それも実施設計へと進むことができ、事務所の基礎を固め、また集合住宅設計のノウハウを深化することができたのはまことに幸運であった。

伊達美徳さんと横須賀市

私が大学三年生のとき、初めてRIA建築綜合研究所でアルバイトをさせていただいたのは、東京・吉祥寺の武蔵野市開発公社ビル（F&Fビル、二〇一〇年三月まで伊勢丹）設計業務の模型づくりの仕事であり、その担当者が伊達美徳氏であった。

当時のＲＩＡの中心メンバーだった植田一豊、近藤正一、三輪正弘の各氏らがスケッチしたファサードデザインを、着せ替え人形のように次々と模型にはめていく作業であった。

帰国後、近藤正一社長を訪問すると、伊達さんを会議室に招き、独立した私が伊達さんのお仕事に協力する流れを提供してくださった。ありがたいことだった。当時の伊達さんは専務取締役の立場だったと思うが、さまざまな都市計画や再開発事業の分野を統括されており、とくに神奈川県横須賀市では長年にわたって多くの計画に参加され、横須賀市長のブレ

神奈川県横須賀市浦賀の川間造船所ドック跡のリゾート構想は着工直前で見送られた。南米で培った「遊び心」を表現した自信作だったのだが……

ーン的な立場におられた。

いろいろと参加の機会をいただいたが、印象的なのが横須賀市浦賀の住友重機械工業の旧・川間造船所（ドック）のプロジェクトであった。当時、造船所は臨港地区内にあり、運輸省管轄の施設であったわけだが、都市計画道路の変更や都市計画の内容を調整して、大型の住宅と商業施設をセットにしたハーバーリゾートをつくりあげるという壮大な官民一体の計画であった。

基礎調査から担当させていただき、数年かかったが、実施設計も終えていよいよ着工へと向かったところで、いわゆる日本経済のバブル崩壊と重なり、残念ながらこの構想は幻となってしまった。

まだまだブラジルのガスペリーニの事務所で担当した、イタリア系企業グループのいくつかのリゾート開発の感触が残っていたころである。海からの姿が巨大なヨットの帆の連なりになるイメージを提案し、湾曲した平面で三〇階から段々に階数を下げて、全体として三角形の帆型となる超高層住宅棟を四棟配置するという思い切ったデザインが実現するはずだった。

防災評定も構造評定も取得し、建築確認申請も下付され、大手ゼネコンとのコスト調整の大詰めまで進んだ段階での着工中止は、十数年前の第一次オイルショックで渋川市民会館が着工見送りとなった、その再来となってしまった。

話が前後するが、この巨大開発は住友系三社の出資で住友リゾート開発（SRD）という新会社がつくられ、基本計画以降の建築設計業務は日建設計グループに引き継がれることとなり、アール・アイ・エーのOBとして参加していた私は、その任を解かれる流れとなってしまった。

諦めきれず、SRD社の社長以下幹部に直訴した結果、設計段階は日建設計のもとで意匠設計を担当するという案が示され、基本デザインをそのまま担当し続けることがかなったのは、まことに幸運であった。

あわせて、日建ハウジングシステムとのコラボレーションが実現し、大規模住宅設計のノウハウをいろいろと学ぶことができたのは、その後の事務所運営に多大な財産となった。

裏通りから表通りへ、そして水瓶屋

長谷工コーポレーションや日建ハウジングシステムとの大規模集合住宅プロジェクトに参加することができて、さすがに青山の2DKアパートは手狭となり、事務所ビルへの移転を考えざるを得なくなった。

しかし、青山のブラジル大使館から離れることは考えられない。街角で、レストランで、日常的にポルトガル語の会話が耳に飛び込むあの心地よさは、青山でしかあり得ない。私の心の支えがブラジルなのだから。

外苑前駅間近の川志満ビルの二階にオファーがでた。迷いはなかった。こうして表通りの事務所ビル二階へと引っ越しを決行した。あくまでも青山である。この川志満ビルの一階は同名の喫茶店で古くから知られているようだった。後で知ったのだが、その喫茶店は当時の日本住宅公団の美術部の方々が定期的にグループ展を開催するので、集合住宅の設計界では知られたビルであった。

その後、三階も空室になったので、最初のメゾン北青山を撤退し、川志満ビルの二・三階に全員集結することができたのだった。

話が前後するが、最初のメゾン北青山の路地をでたところに、不思議なお店を発見していた。陶芸家の広辻明人氏が経営する水瓶屋という寿司屋である。そもそもメゾン北青山の路地の奥の民家が、その昔、曽根幸一氏の事務所であった。その当時、この水瓶屋には多くの建築界の面々が出入りしていたらしい。私の水瓶屋デビューはそれとは関係なく、ようやく開設した事務所から数歩行ったところにある居酒屋として通い始めたことによる。

数か月たったころ、やっとオーナーと知り合うことができた。同世代の芸術家であり、サッカー通である広辻さんとは一気に接近することになり、今日にいたるのである。

寿司屋といったが、最初はビストロだったらしく、そのころの名残で曽根さんが関与したとされる通称ソネカレーとか、特製餃子などもでてくる不思議な店である。私が通い始めたころには最高の寿司職人である大田さんがカウンターにおり、いまでも私にとっては東京で最高の寿司屋なのである。

この店では、実に多くの建築家らと出会うことになる。そして、高見真二さんという東京芸大出のユニークな国交省のお役人の人脈で、多くのお役人とも出会った。その一人、宮本和宏さんは数年前に滋賀県守山市の市長に当選し、この水瓶屋で当選を祝したのだった。

寿司のクオリティについては、ほんとうに特級だ。ブラジルからの来客は必ず東京で寿司を所望するが、私は必ず水瓶

多くの建築家やアーティスト、そして霞が関の人々との出会いの場となったこの水瓶屋が事務所の徒歩0分にあったのは幸運だった

屋に案内する。元・リオ市長ルイス・パウロ・コンディ、元・ブラジル建築家協会会長ミゲール・ペレイラ、ガスペリーニ事務所の後継者ロベルト・アフラーロ・ジュニオール、青山のブラジル大使館設計者ルイ・オオタケ、元・クリティーバ市長ジャイム・レーネル等々、水瓶屋の大田さんの握りを堪能した面々である。

それにしても、師ジョアキム・ゲデスも寿司が大好きであった。なんとしても日本に招いてご馳走したかったのだが、二〇〇八年、急逝してしまった。残念である。

パートナーたち

もう一つ、アトリエを開設して直ちに取り組んだのが、設計計画チームの編成である。ジョアキム・ゲデスの手法……それは広範な分野のスペシャリストを連ねてコラボレーションで取り組むやり方である。

まずは建築の専門家たちである構造家、設備家は最優先である。ここでも元の職場であるアール・アイ・エー時代の協力事務所などの参加で、チームをつくっていくことができた。構造はアール・アイ・エーの元同僚の中野正英さん、設備は知人を介して知りあった工学院大学の柿沼整三さん。このようなチームでスタートを切ることができたのだった。

東京・赤羽のTGS赤羽ビル（東京ガスの独身寮他）では
都心の業務ビル街に表情をあわせた集合住宅デザインが求められた

構造は山口文象先生が一貫して織本匠先生と協働されていたことを知っており、ＪＩＡでの交友をもとに田村泰顕社長にお願いすることがかない、ＴＧＳ赤羽ビル（一九九五年）が最初の協働作品となった。その後、榊原信一社長のころにはウェルシティ横須賀で超高層タワーや免震構造の難解な計画の下支えをお願いできた。織本構造設計となった現在も横須賀以来のお付きあいの中澤昭伸社長に、私の構造設計のパートナーをお願いしている。

建築のエンジニアリング面でのサポートとは別に、土木や都市計画、環境デザインなどの広範な分野でのパートナーたちとのチームづくりは、ジョアキム・ゲデス流そのものである。

そして、大学以来の日本での私の都市デザイン指南である土田旭氏もこうしたコラボレーションの重要さを教えてくれた。同氏が中心になって創設された任意団体、都市環境デザイン会議（ＪＵＤＩ）には一九九一年の創立から参加してきたが、以来、そこでの仲間たちとのさまざまな協働が続いている。

ランドスケープの井上洋司氏とは稲城市向陽台の「みはらしの家」以来のお付きあいであるが、上山良子、山口博喜、戸田芳樹、八木健一らの多くの専門家とは密接に行動をともにしている。ブラジルではこの職種はパイサージズモと呼ばれ、マリア・マダレーナ・レほかのパイサージスタとは常にともに仕事をしてきた。最近では山口さんの門下生の清水正幸さんほかの若手とも親しく協働を進めている。

照明デザインのジャンルも専門性の高い分野である。面出薫さん、近田玲子さん、加納公彦さんらとの協働も定着してきたし、色彩デザインでは吉田愼吾さんをはじめ、氏が率いるクリマの皆さんとも楽しくコラボレーションしている。

都市計画の世界でもコラボレーションは必須である。大学の卒論以来の友、小出和郎さんが社長となった都市環境研究所とは常に密接な関係で協働を続けている。土木設計や交通計画、再開発コーディネーターや不動産鑑定なども建築と都市には必須のノウハウである。

そして、事務所経営のうえで法律と経理には最高の専門家と組むことがなによりも大切であることを師ジョアキム・ゲデスから学んだ。法律は浜田俊郎先生（二〇〇七年逝去）、小倉良弘先生に、経理は佐野允夫先生にしっかりと支えていただいている。

横須賀駅周辺地区整備事業（ウェルシティ横須賀）

神奈川県横須賀市の都市計画へのコンサルタント業務の第二弾は、アール・アイ・エーから独立していた伊達美徳さんの指揮下でのJR横須賀ヤード跡地の再開発事業であった。特定住宅市街地整備促進事業（現・住宅市街地総合整備事業、以下、住市総事業）という補助事業により、日本国有鉄道清算事業団が所有していた操車場跡地を各種住宅や公益施設群の新市街地として整備する壮大な構想である。

事業主体は横須賀市、そして住宅整備では神奈川県住宅供給公社と住宅・都市整備公団（現・都市再生機構）が予定されていた。一九九二年、南條設計室は横須賀市の検討委員会（伊藤滋委員長）が整備計画案をとりまとめるにあたり、都市計画家の伊達美徳氏と事務局として参加することになり、それを契機に約一〇年間のまちづくり大プロジェクトがスタートしたのであった。

整備計画の都市計画決定を経て、年度を重ねるごとに事業化に向けた詳細計画への作業が続けられていった。通常であれば、この段階は都市計画コンサルタント事務所

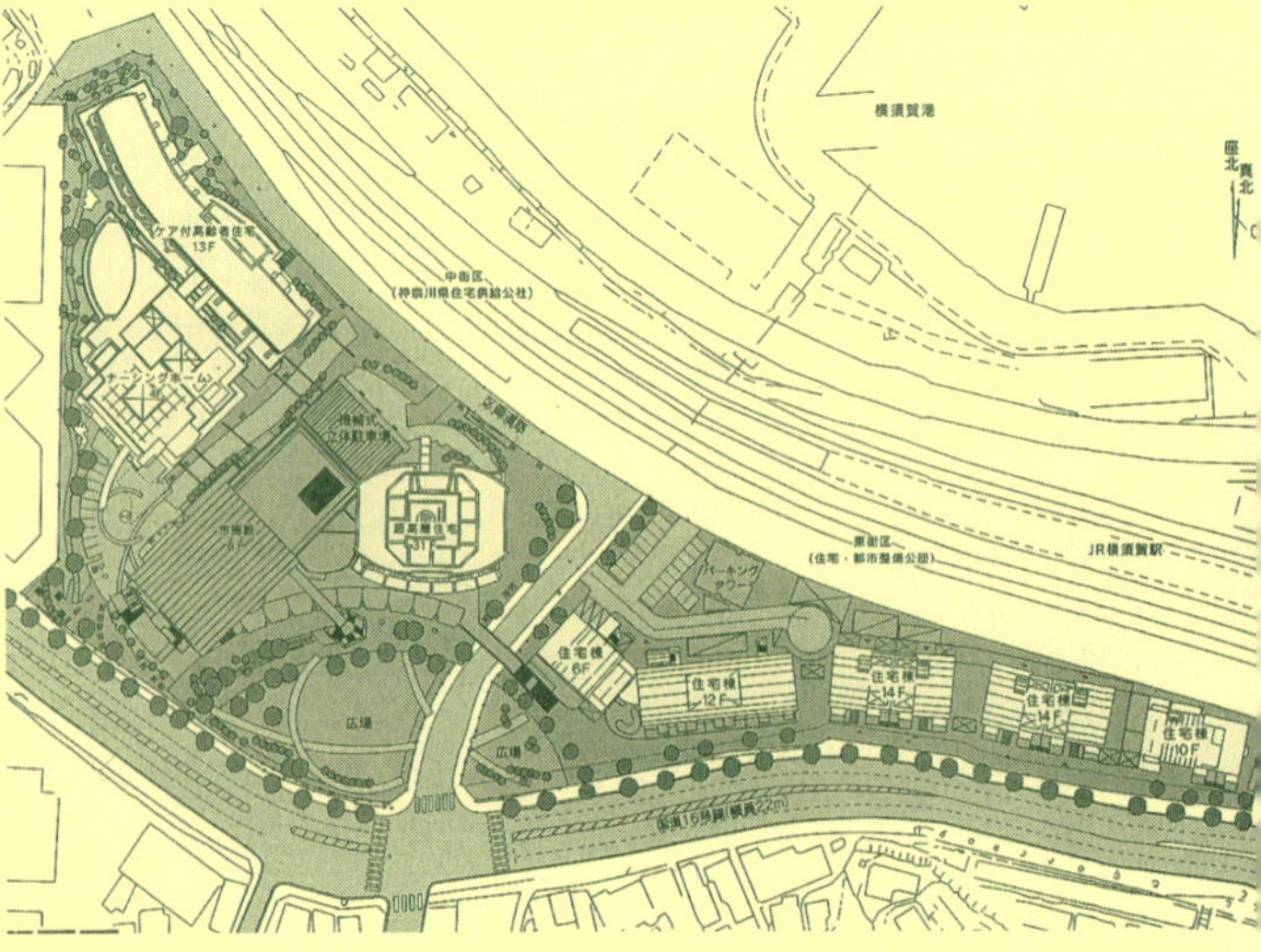

都市計画決定から参加した
横須賀駅周辺地区整備事業は
10年越しで取り組み、2000年にすべての建物が完成した

ヴィンテージ・ヴィラ横須賀とトレクォーレ横須賀は
健常者から寝たきりまでの高齢者施設

が担当し、設計段階には大手の設計事務所へと引き継がれるのが通例であろう。

だが、当時の私が率いる南條設計室は、ブラジルでの師ジョアキム・ゲデスが数人のアトリエでありながら、国家的新都市開発の計画から建築設計までを一気通貫で行っていた経験から、また、都市工学科出身の建築家として、計画から設計までを一貫担当するという参加のあり方へのこだわりも強く、事業の各段階において多くの支援者にも恵まれ、二〇〇〇年のグランドオープンまでこの計画を担当し続けることが実現したのであった。

この事業は壮大なものであった。住市総事業の計画地面積はJR横須賀駅と国道一六号の間の約四・五ヘクタールで、そこに区画道路と公園を整備して、二つの大きな街区をつくり、全体を計画的な新市街地として整備する。ＪＲ横須賀駅寄りの街区には公団施行による五棟、計二三九戸の住宅棟（ポートバレーヌ）が建設された。その西隣りの街区には、県公社施行で三〇階建て、高さ一一〇メートルの超高層タワー（天空の街）の二二〇戸を中心に、横須賀市総合保健所や生涯学習センターなどの市施設を整備。さらに県公社のケア付き高齢者住宅施設（ヴィンテージ・ヴィラ横須賀、一五六戸）および特別養護老人ホーム（トレクォーレ横須賀、五九室）が建設された。

ウェルシティ横須賀の設計体制

これだけの多岐多様な計画では、一人の建築家がすべてを設計することなどあり得ないし、そうあるべきでもない。技術やデザインはもちろん、さまざまな施設の運営ソフトまでの多くの専門家たちのコラボレーションで計画は進められるべきである。

オーケストラや映画と比較すれば分かりやすい。ソリストや俳優などスタープレーヤーはもちろんだが、軽く百人を超すさまざまなプレーヤーや職人芸に支えられて完成するわけで、音楽では指揮者、映画では監督と呼ばれる立場のものが全体を統括する。

都市スケールでの建築も似て、指揮者や監督の役割を務めるのに足る専門職の一人が建築家だと私は心得ている。都市工学科に学び、バウハウスの流れを汲む山口文象先生に感化され、ブラジルでの師ジョアキム・ゲデスに実践を見た私の建築家像なのである。

都市計画では伊藤滋教授の委員長采配のもと、都市計画プランナーとしての伊達美徳氏の主導で事が進められた。ランドスケープは「みはらしの家」以来のパートナーである井上洋司氏が公団・公社の全街区の設計デザインを構想段階から竣工まで担当した。

環境デザインでは、色彩を吉田愼吾氏、照明を面出薫氏と協働した。パブリックアートにも力をいれ、横須賀地区の水道事業史を後世に伝えることを願い、ランドスケープ空間に水道をテーマとしたアートを施した。中央の市民プラザ棟の大吹き抜け空間には、ウィリアム・アダムス（三浦按針）の航海をテーマとした大ステンドグラスを志田政人さんにお願いした。

大ステンドグラス。横須賀市ゆかりのウィリアム・アダムス（三浦按針）の航海を表現した志田政人作。市民プラザ棟の玄関吹き抜けに設置した

ウェルシティ横須賀の中央の多目的広場は
2階デッキと立体的に構成し、
国道16号沿いの公開空地とも連続した
緑の都心空間を実現した

技術面は、超高層と免震構造の高度な構造設計を織本匠構造設計研究所（現・織本構造設計）にお願いした。設備計画設計は長年のパートナーであるゾー設計室の柿沼整三氏と泉設備設計の高倉京一氏ほかにお願いした。国道の電線地中化、デッキや歩道橋の整備、バリアフリー化への取り組み、風洞実験や近隣説明といった開発にともなうさまざまな仕事、また、補助金申請などの手続きなど、そのすべてに南條設計室というアトリエ事務所が参加することがかなった。

このように外部の多くの協力者たちに支えられたプロジェクトチームではあったが、工事期間中は三か年にわたり現場に六人の常駐者を置き、事務所は総勢二〇人を超える大所帯になっていったのだった。

設計者選定についてひとこと

公団街区は五棟の基本設計までを南條設計室で行い、性能発注方式により選ばれた複数の建設会社の設計施工で建設された。

公社街区は実施設計を一九九六年度に終え、大手建設会社七社による入札で大成建設グループが落札し、一九九七年着工、丸三年の工期で予定どおり二〇〇〇年にすべての整備を終えることができた。

この事業の都市計画素案策定から、すべての建物の計画・設計・監理までのすべての業務を担当できたことは奇跡といえるだろう。最近は、単年度ごとにさまざまな業務に細分化され、明治の遺物とまでいわれる会計法にもとづく競争入札が行われ、担当者が入れ替わっていく情けない状況が見られるし、それに対して社会の認識もマスコミの反応も、どちらかといえば業務報酬低減にばかりに目が向き、結果として建設される内容は不問にされる傾向すら見られるのは実に悲しいことである。

この横須賀でも毎年のように発注をめぐる議論があり、私にとっては何度も危機的な場面があった。結果的に最後までこのプロジェクトの中心にいることができたのは、発注者側に各段階で理解者がいてくれたお陰である。次のステップへの話題が出るたびに、次は競争入札との意向が伝えられたが、同時に、それがほんとうに最適解なのかという発注者側の悩みも察することができた。

私はブラジルの建築家協会（ＩＡＢ）での少々の知見を得るとともに、国際建築家連合（ＵＩＡ）でのグローバルな潮流を知っていたし、当時の日本建築家協会（ＪＩＡ）でも設計者選定に関するさまざまな検証や提言がなされていて強い関心もあったので、そうした大局的な見識と具体的な横須賀での分析を自分の主張としてレポートにまとめて、提出し続けた。

官側の論理は法制度にもとづく手続き論であり、建設しようとする街のクオリティのための手法としては大いに疑問があることが共通認識となっていった。後日談であるが、担当者たちは皆、当時の私の私信を「ラブレター」と称し、道理と熱意が伝わってきて無視できなかった、と笑っていた。

住宅で都市をつくる

設計発注について、事業主側の担当者に私が最も主張したかったのは、都市と建築とは一つの計画対象であり、一つの計画理念を貫く必要があるということであった。まさに「建築か都市か」で悩み抜いていたアール・アイ・エー時代の意識が、ブラジルで一気に解放されて、建築＝都市となっていったことからの結論であり、信念であったわけである。

それに対して、発注・契約をめぐる合理性追求は、悪しき会計法によりねじ曲げられるわけだが、私は計画の一貫性がなぜ優先されるべきかを熱く語り、入札では間違いなくそこが失われることを指摘した。

構想段階から計画段階を経て設計へと進む各段階で、ソフト・ハード両面での事業者側の各担当者たちとの検討分析の結果の累積は、同じメンバーが継続したほうが効率的であることや、すでにＣＡＤ化が定着していたので膨大な設計データのハンドリングの面でも、同じ設計者の継続が効率的であることなども理由として強調したのであった。

公団街区は当時の公団の事情により、性能発注方式で建設会社を選定する流れであったから、南條設計室の継続は無用との議論も出かかったのだが、住市総事業では整備する新市街地の全体のデザイン調和が求められることから、横須賀市が中心となって、公社街区と公団街区の全体に調和のとれたまちづくりデザインを担保するよう、デザインガイドライン策定を依頼してくれたため、公団街区でもデザイン監修面では竣工まで参加することができた。

かくして、二〇〇〇年（平成一二年）にウェルシティ横須賀は完成し、街開きを迎えることになった。人口二〇〇〇人の新市街地の誕生である。公団の単身者向け賃貸住宅からファミリー向け分譲住宅、三浦半島で最高の高さの超高層タワー住宅「天空の街」、健常な高齢者をケア付きで優しく守る「ヴィンテージ・ヴィラ横須賀」、そして寝たきりになっても最高レベルの介護で人生を全うすることのできる「トレクォーレ横須賀」が出そろった。

中央には、本格的なスイミングプールやアスレチックジムのある健康増進センター、音楽や陶芸など文化活動をサポートする生涯学習センター、妊婦・乳幼児からお年寄りまでの健診や子育て支援などを行う総合保健所と青少年センター、保育所、そして、レストランやコンビニがいっせいに稼働し始めた。

構想段階に掲げられたこの街のコンセプトは「健康生活都心」であり、竣工を控えて市民公募で決まったこの街の愛称が「ウェルシティ横須賀」である。

「建築か都市か」を選択するのではなく、「建築で都市をつくる」が実現したのだった。この街の「建築」は、美術館やコンサートホールのようなシンボル建築ではない。幸せに生活するためのさまざまな利便施設をともなった多様な「住宅群」である。

一九八五年に青山のブラジル国大使館近傍にアトリエをつくり、一五年目の西暦二〇〇〇年のウェルシティ横須賀は、私と南條設計室にとっての最大の記念碑となった。

建築家・南條洋雄の、そして南條設計室というアトリエ集団の目標が明確に示された。住宅という建築を追求し続けること。そして、その集合としての都市をデザインすること。まちづくりにコミュニティアーキテクトとして参加し続けること。多くのパートナーたちとコラボレーションし続けること。

――それは「住宅から都市デザインへ」

四章

活路

デザイン監修

欧米集合住宅最新事情

アトリエの総力をあげてウェルシティ横須賀に取り組んでいたころ、もう一つの大きな流れに乗り始めていた。それが千葉県千葉市の幕張ベイタウンの計画である。

一九九二年、東京・青山の事務所に土田旭さんが現れた。幕張に新しいタイプの住宅市街地を建設する、その集合住宅の設計の仕事だ、という。

すでにマスタープランが発表されていた。計画人口二万六〇〇〇人の集合住宅地で、独特の計画推進手法が採用されており、東京大学都市工学科の渡辺定夫教授と都市プランナーの蓑原敬氏を長に、都市デザイン界のリーダーらが「計画設計調整者」という役割で名を連ねている。

各住宅事業者に一人の調整者がついて、計画設計の内容を決める権限をもち、事業者はその内容で事業を進めるという画期的なものである。計画設計調整者は、大村虔一、藤本昌也、小沢明、曽根幸一、土田旭、三井所清典、鈴木宗英の七氏で、土田旭さんはＭＩＣ２００１グループの調整を任されていた。

このグループは野村不動産を幹事会社とし、川崎製鉄（現・ＪＦＥスチール）、松下興産（現・ＭＩＤ都市開発）、住友商事、東方興業などが参加し、建設業では大林組が参加するグループであった。

一九九二年には土田旭氏を団長に、ベイタウンが目標としていた沿道・中庭型の集合住宅を体感する目的で、ベルリン、パリ、アムステルダム、そしてストックホルムの住宅地を視察した。設計者では、日建設計の山梨知彦氏、日建ハウジングシステムの渋田一彦氏が一緒だった。土田旭氏の解説で精力的に住宅建築を観て回った。

アムステルダムのヘンドリク・ペトルス・ベルラーへの集合住宅群、ストックホルム郊外のスカルプネック団地、ベルリンのＩＢＡの集合住宅群、そして、パリ郊外のニュータウンであるサン・カンタン・アン・イブリーヌである。

私にとっては、大学時代の団地設計からウェルシティ横須賀に至る集合住宅設計の勉強を経て、最新のヨーロッパの集合住宅地の計画設計デザインのクオリティを体感できたことが、その後の「住宅から都市デザインへ」と進む大きな転換点となる刺激的な研修旅行であった。

欧州の集合住宅の歴史は長い。
ベルリンのＩＢＡ（上）やアムステルダム（下）の住宅群にもさまざまな試みを学ぶことができる

幕張ベイタウン・パティオス

幕張ベイタウンでの最初の仕事は、H－1街区と呼ばれる高層街区であった。建築は日建ハウジングシステムの渋田一彦氏、SKM設計計画事務所の柴田知彦氏、私の三人で分担し、ランドスケープは上山良子氏、照明は近田玲子氏、色彩デザインは吉田愼吾氏らが担当した。それらを統括したのが土田旭氏であり、施工は大林組であった。

この計画設計手法は、私にとってその後の集合住宅地の計画設計手法に大きなヒントを与えてくれることになった。複数の建築家が共演、協力することで市街地景観に変化を与えること、多様な環境デザインの専門家たちとのコラボレーションが市街地の空間の質を高めるということ、住宅としての品質を保証する技術的な達成目標と空間の質を高める都市デザインの達成目標とは、ともに満たさなければならないこと、そのためには役割分担が有効な手法であること等々である。

試行錯誤を繰り返し、二〇〇〇年、私にとっての最初のパティオスである「グランパティオス公園東の街」が竣工した。幕張ベイタウンのルールでは、多くの設計者が順次登場することになっており、私の出番もここで終了すると思われていたが、私にとって幸運な結果が待っていた。

実は、このころまでに数十人に及ぶ新進建築家たちが設計を担当して、各デベロッパーの商品である分譲住宅が続々と竣工していったのだが、集合住宅設計のエキスパートだけが参加したわけではなく、私を含めて、竣工にたどり着くまでには事業者側の品質管理ノウハウなどを学習しながら進めたという側面があった。

同じころ施行された消費者保護を目的とした製造物責任（ＰＬ）法の影響で、クレーム産業という側面から事業をとらえる場合の品質担保や賠償責任能力の観点から、設計マニュアルなど品質確保を熟知した設計者を望む声が事業者側にあり、ＭＩＣ２００１グループでも、その後のプロジェクトは原則的には土田旭氏を中心に固定メンバーで続けることになったのだ。

また、施工を担当した大林組のエンジニアリ

私にとっての最初の幕張ベイタウンは
「グランパティオス公園東の街」と呼ばれる高層街区

ング面でのノウハウや、そのころから過酷さを増す建設コストコントロールの面にも配慮が求められていた。

そこで、幕張ベイタウンが目標とする良質なデザインと、消費者保護としての住宅品質の確保とを切り離して役割分担するという手法が注目されつつあり、各事業グループが徐々にその方向に向かっていっていた。

MIC2001グループでもその傾向が強まり、SH-3の超高層街区の際には、専用住宅の間取りや内装設計は施工者側に委ね、われわれ建築家は全体配置デザイン、ランドスケープデザイン、そして、建築の外観デザインと共用部デザインに限って参加するというスタイルが採用された。ただ、外観デザインとも密接に関係する特殊住戸については各棟の設計者が、いわば注文住宅のように特殊住戸として設計担当する手法がとられたのである。

このSH-3超高層街区では、三人目の建築家としてJIAでも一緒に活動していた久間常生氏をお迎えしている。総戸数四一六戸の大街区であり、二期に分けて事業化され、パティオスグランエクシア（二〇〇四年）とパティオスグランアクシブ（二〇〇六年）が竣工した。

そして、約二〇年に及ぶ幕張ベイタウンでの集合住宅の設計は、二〇一〇年竣工のパティオス19番街で完結した。

道路との関係性をなによりも大切にする幕張デザインコードが、この形態を実現した。
超高層街区の一角に誕生した「パティオス・グランエクシア」のファサード

約20年に及ぶ幕張ベイタウンの集大成がこの「パティオス19番街」。
道路との関係性の作法を大切にしたデザイン

このパティオス19番街では、建築は柴田知彦氏と私の二人で分担したのだが、コストとの闘いもますます厳しくなり、初期のようなデザイン優先の考え方が抑制される傾向が強くなっていたが、設計チームにとっては幕張ベイタウンでの設計の集大成でもあり、これまでの蓄積をすべて開花させ、「住宅で街をつくる」記念碑を残せたと自負している。

Dｰtｒiaとシエルズガーデン

幕張ベイタウンのグランパティオス公園東の街も大詰めのころ、施工者の大林組から一つの相談を受けた。当時はまだ珍しかった建築家とゼネコン設計部との分業が試行錯誤ではあるものの、公園東の街では行われつつあった。そして、土田旭氏が全体の指揮官として統括にあたっていたことは述べた。当時、大林組が設計施工で野村不動産、三菱地所、東京建物の三社から受託していた東京都大田区千鳥町の大規模な集合住宅建設を幕張のような方法で行いたいと私を誘ってきたのである。

このプロジェクトは、その後「Dｰtｒiａ」という名を冠し、当時の分譲集合住宅の分野で多少は評判になり、計三棟で総戸数四三六戸の集合住宅が二〇〇一年に完成した。

すると、近傍で始まった次の大規模開発、大田区下丸子の工場跡地の計画にも同様に招かれた。ここでは幕張チームのデザイナー諸氏を招き、ランドスケープは上山良子、照明デザインは近田玲子、そして、色彩デザインは吉田愼吾というメンバーで臨んだ。

このプロジェクトも不動産業界では成功例とされ、総戸数四八六戸の多摩川に面した大規模集合住宅シエルズガーデンが二〇〇三年に竣工した。

こうして、従来の設計業務から建築外観と共用部デザインを分離し、そこにわれわれ建築家が参加する「デザイン監修」という新しい業務の形態が、試行錯誤のなかに定着していくのである。

この流れは野村不動産のプラウドシリーズを中心に進んでいったが、共同事業者である他社も関心をもってくれることになり、三菱地所の

幕張ベイタウンでのランドスケープ、照明、色彩デザインの共演、協力が大田区下丸子の多摩川にも実現した

パークハウスや大京のライオンズ、そして、東急不動産のブランズなど、多くの分譲住宅系のデベロッパーにもデザイン監修者として呼ばれるようになっていった。

二〇〇五年竣工のプラウドシティ大泉学園では、ランドスケープを大塚守康氏、照明と色彩を近田玲子、吉田愼吾両氏にお願いして取り組み、二〇〇六年度のグッドデザイン賞を受賞する。

このようにして、設計者に代わってデザイン監修者がデザイン部門の賞にエントリーすることが普通になっていったのである。

モリモトとの出会い

デザイン監修という言葉は、もう一つの流れとして、賃貸マンションの業界で「デザイナーズマンション」というジャンルに登場していた。最初は建築基準法上の設計監理者として位置づけられ、加えてデザイン性を強調した建築作品が期待されていたのだが、ここでも建築基準法上の設計者とは役割を分けて、もっぱらデザインだけを担当する役割が注目され始めていた。

その代表格が代官山に本社を構えるモリモトという会社であった。ある日、思い切って社長宛に書信を託したところ担当部長との面談が実現し、すでに私の多くのデザイン監修実績は認知されており、モリモトブランドのお手伝いもする運びとなった。

年に一度は全デザイナーが一堂に会するパーティがもたれ、そこで元倉真琴、鈴木エドワード、大江匡等々の建築家仲間たちとワインを飲み交わす関係へと進んでいった。

代官山のモリモト本社に通い始めたころ、実は青山の川志満ビルからの撤退を決意していた。ブラジル国大使館の傍らからは一生離れないと決めていたのだが、一八年も経過して青山の地を離れる抵抗感は確実に薄れていたし、ヒルサイドテラスに代表される代官山という地にも強い関心があった。

そこにモリモト社へ通う機会が増えて一気に決断し、現在のEN代官山ビルの三階に引っ越してきたのだった。二〇〇三年のことである。私の部屋の真前にはモリモト本社ビルがそ

2000年代になるとデザイン監修された集合住宅が注目されるようになった。三鷹駅西口再開発のタワーにもデザイン監修者として参加した

びえたっていた（現在、モリモト本社は丸ビルに移転）。

トップヒルズ本町

大学を出てアール・アイ・エーに就職したころ、市街地再開発事業にいくつかかかわることになったが、当時はそこからの決別が私の関心事であったことは述べた。時代が変わり、地球の裏側まで修行に行って戻り、青山にアトリエを構えたわけだが、市街地再開発事業が再び眼前に現れたのだった。

恩師土田旭氏が始められた都市環境研究所は、最も親しい都市計画事務所であり、私は勝手に、南條設計室は都市環境研究所傘下の協力事務所だと思っている。

幕張ベイタウンの仕事は、都市環境研究所とのＪＶ契約など密接な関係下で進められていたし、また、都市計画のさまざまな計画にも参加させてもらっていた。平塚バラの丘構想（神奈川県、一九八六〜九一年）、小布施町ＨＯＰＥ計画（長野県、一九八八年）、長岡アメニティタウン計画（新潟県、一九八七年）などである。

その都市環境研究所が長野県飯田市の市街地再開発事業のコーディネート業務をプロポーザルで受注した。建物（施設建築物）の基本計画も一緒に受注しており、さっそく、そのお

長野県飯田市の市街地再開発事業でできた「トップヒルズ本町」は
地方都市での身の丈再開発の成功例として評判となった

手伝いをすることになり、飯田市通いが始まった。

東京・新宿駅前の高速バスターミナルから長距離バスで中央道を飛ばし、四時間余りもかかる場所である。現地にはＪＩＡ仲間の松下重雄さんもおり、現地でもいろいろお世話になった。

市街地再開発事業をとりまとめるのは並大抵ではない。ましてや低成長のこの時代、かつ長野県の小さな地方都市での開発はきわめて希有《けう》なプロジェクトであった。単なる設計者としてではなく、現地の人々との親交を深め、信頼関係を築くところから始めるのは、アール・アイ・エー仕込みでもあり理解しているつもりだ。地権者だけではなく地元の人々とも仲好くなり、二〇〇一年にトップヒルズ本町として完成させることができた。

このプロジェクトは地方都市での身の丈再開発の先行事例として高い評価を得ることができた。市街地再開発事業というやや複雑で時間のかかる手法ではあるが、中心市街地活性化や街並み再生が喫緊《きっきん》の課題となっている今日、建築家が取り組むべき重要な分野であることは間違いない。

この仕事を通して「建築か都市か」の選択ではなく、「建築で都市をつくる」ことのモティベーションが高まり、南條設計室の仕事の方向性を決定づけることができた。

狭山市駅西口再開発事業

ウェルシティ横須賀に邁進《まいしん》していたころ、東京・新宿の都市基盤整備公団（現・都市再生機構）都市再開発部長の尾山芳弘氏から連絡を受けた。東京大学都市工学科の四年先輩にあたる。埼玉県の狭山市駅西口再開発事業に公団施行で取り組むことになったという。

ＪＲ横須賀のときのように都市計画決定にもかかわり、市街地再開発事業として協議会支援などにもかかわる建築家像を、再び狭山市でも再現する機会をいただいたのだ。

まず検討委員会を立ち上げることになり、早稲田大学の佐藤滋教授に委員長をお願いした。佐藤さんとは一九八八年の『近代都市計画の百年とその未来』編纂《へんさん》以来のお付きあいである。副委員長には埼玉大学の窪田陽一教授をお招きした。窪田さんは都市環境デザイン会議の国際委員会の仲間である。さまざまな人々との付きあ

デザインガイドラインとマスターアーキテクト方式で完成した
狭山市駅西口再開発事業の「狭山スカイテラス」

いが、思わぬ場面につながってくるからおもしろい。

まちづくりの大方針を議論していたころ、当時の町田潤一狭山市長（二〇〇三年逝去）と意気投合し、西武新宿線の沿線駅の駅前とは根本的に異なる、狭山らしい大自然に開かれた駅前まちづくりを進めることとなった。

その後、横須賀の場合と同様、全体の整備構想を年度を重ねて絞り込み、また建築する施設群の内容を決めるための行政計画策定を補佐する業務を続けていた。

当時は都市基盤整備公団をはじめとする特殊法人が、その業務発注の透明性について社会の厳しい査察を受けており、その関係ですべての発注は原則入札と決められていた。

基本計画までは横須賀市のときと同じように、計画の継続性や過年度業務の蓄積を評価されて、機構からの発注を受けることができていたのだが、建築設計の段階では多くの業務が競争入札へと進んだ。建築設計者選定だけは入札によらず、プロポーザル方式となったのがせめてもではあった。

この段階で南條設計室はマスターアーキテクトとして、全体デザインの調整業務に集中する道を選んだ。ここでも、いわゆる建築設計業務とデザイン業務との分離を前向きにとらえようとする私の立場がある。

一〇年余を要したこの大プロジェクトは、二〇一二年にグランドオープンした。最後の南条設計室の役割は、全体デザイン監修者である。参加した多くのデザイナーたちとともにエントリーし、二〇一四年度の都市景観大賞優秀賞とグッドデザイン賞を受賞した。単体の建築ではなく、都市スケールでの、しかも複数デザイナー協働で評価されることは、私の立ち位置からするとたいへん光栄なことなのである。

エルザ世田谷

幕張ベイタウンで長年にわたって協働しているSKM設計計画事務所の柴田知彦さんとは、仕事でもプライベートでも親しくお付きあいをしていただいている。その柴田さんから応援を頼まれたのが、大京の大規模開発である東京都世田谷区北烏山のエルザ世田谷の設計監理であった。

この計画は、最初は通常の建築基準法で計画されたため、一九階建ての長大な板状高層住宅の壁が敷地をぐるりと取り囲むような案であったのだが、東京都の市街地住宅総合設計制度を適用して、高さ一〇〇メートルの超高層住宅を中心とすることで、敷地周辺に十分な緑地空間を確保し、敷地全体を緑の街に仕立て上げることを目論んだ。

南条設計室は主に総合設計制度適用の手続きを担当し、加えて約半分の建物の設計監理を分担した。竣工後に世田谷区の絶対高さ制限が施行となったため、この建物は法的には既存不適格扱いとなっているが、この計画を容積率を下げることなく、建物高さだけを低く抑えるとするならば、当初案のとおり、むしろ圧迫感の強い巨大壁が市街地に登場していたはずであり、安易な高さ制限だけでは良好な市街地環境はつくれないということを示唆しているプロジェクトである。

総合設計制度を活用した超高層タワーで足下の豊かな緑環境を実現した「エルザ世田谷」

着工前には政治的に組織、動員された建設反対運動が起きた。設計者として柴田知彦さんと私は、計画説明会に何度も参加し、計画の意図や関連資料などもていねいに解説したり、資料提供したりして話しあいに応じた。すると、会場は組織系の大声を出す人々と、真剣にまちづくりの内容を吟味したいと思う人とに分かれてきた。

後者とは徹底的に話しあいを続けて着工、そして竣工を迎えた。竣工後は計画どおりの豊かな緑あふれる住宅地が実現している。この手の計画では、当初多めに計画しておいて、後から歩み寄りでダウンサイズする手法もとられると聞くが、本件では計画の内容に自信をもち責任も理解しており、建築審査会で明快に主張した結果、申請内容の一〇〇%が認可されたのであった。

日本の街を美しくする

二〇〇三年に政府は「美しい国づくり大綱」を示し、戦後の都市計画行政は、景観整備の視点では必ずしも十分ではなかったことを初めて認めた。そして、景観をこれからのわが国のまちづくりの目標とする元年ともなった。

当然、日本建築家協会（ＪＩＡ）でもさまざまな取り組みが始まった。私もＪＩＡの「都市づくり街づくり等推進会議」の委員長となり、啓蒙運動や研究活動に参加したのである。

そんな折、都市環境研究所の土田旭氏が、私を含む景観に関心を寄せる専門家たちに呼びかけ、研究会を始めるにあたり、南條設計室がその事務局を務めることになった。

『日本の街を美しくする』
研究活動の成果が
この一冊にまとめあげられた

二年間ほどの研究活動を経て、二〇〇六年には学芸出版社から『日本の街を美しくする』を発刊し、私自身も都市開発と景観形成の分野を執筆した。その翌年には出版記念シンポジウムを主催し、私自身がコーディネーターを務めたのであった。

このころになると、都市景観を美しく、ということが社会的にも大きなムーブメントとなっていく。景観法にもとづく条例も次々と制定されている。私自身も二〇〇六年から神奈川県小田原市の条例に決められた景観評価員を拝命し、現在も景観重点地区での建築行為や広告看板の改善などをお手伝いしている。

日本の街を美しくするという大目標を達成するためには、全建設業が結集して立ち向かわなければならない。

他方、安全・安心のまちづくりに関する動きも阪神・淡路大震災と東日本大震災など、大災害があるたびに大きな社会的関心を呼ぶ。美しさの追求は安全・安心と相反するものではなく、その両方を実現するのが「まちづくり」であることはいうまでもない。

デザインガイドライン

日本の街並みを美しくする手法の一つとして、「デザインガイドライン」が注目されるようになった。私にとっては「幕張新都心住宅地都市デザインガイドライン」との出会いが初めてであり、設計の指針として「守るべき」ルールであった。

一九九二年には、ウェルシティ横須賀整備のためのデザインガイドラインの策定側にも立った。横須賀市海辺ニュータウンでは再び設計者側でデザインガイドラインに沿ってデザインを決めていった。二〇〇八年には狭山市駅西口再開発の景観規制デザインガイドラインの策定を担当し、その内容にもとづき、デザイン調整者として街全体のデザイン決定に二〇一二年の竣工まで参加した。

幕張ベイタウンのデザインガイドラインは、都市デザインレベルでの規範がかなり具体的に定められていたが、建築デザイン上はかなり自由度の高い規定であった。

幕張ベイタウンをきっかけに、集合住宅設計におけるデザイン面を分業するデザイン監修という仕事にかかわることが多くなったことは述べたが、最初は私という建築家個人の独自の判断でデザインを提案していたのだが、回数を重ねるに従って、もう少し客観的なデザインの決め方があるべきではないか、と考えるようになっていった。

野村不動産のシエルズガーデンやプラウドシティ大泉学園に取り組み、またモリモト社の多くのデザインを担当していたころのことである。

そんな折に、ブランズという新しいブランドに取り組み始めていた東急不動産から招かれ、社内向けのデザインガイドの策定を依頼された。色彩家の吉田愼吾氏と協力し、同社が取り組む分譲集合住宅のデザインのとりまとめに関する指針を示そうとするものであった。

それまでは、各社の分譲集合住宅のデザイン監修の実務を重ねてきていたが、それらを改めて整理し、体系化することができたのは幸いだった。こうしてできあがったデザインガイドを同社のデザインセミナーで解説したり、同社の過去事例を改めてレヴュー評価し、それを報告書にまとめる作業も三年ほど継続した。いくつかのプロジェクトに実際に参加して事業担当者や設計担当事務所と協働作業を行い、このデザインガイドを実証することもできたのは有益であった。

こうしたさまざまな貴重な体験をふまえ、「集合住宅のデザイン監修の手法」が確立されていった。集合住宅のデザインは都市環境デザインという大系のなかでとらえることが重要であり、明快なデザインコンセプトを示すことはデザイン監修の重要な貢献となりうる。「住宅で街をつくる」ため、「日本の街を美しくする」ため、そして、「住宅から都市デザインへ」という南條設計室の目標には、「デザインガイドライン」という新しい概念が不可欠な要素である。

プレイス秋谷

神奈川県横須賀市では、浦賀の川間造船所跡地に構想したＳＲＤリゾート開発（一九九二年）、ＪＲ横須賀駅貨物ヤード跡地に一〇年以上もかかわり続け実現したウェルシティ横須賀（二〇〇〇年）、そして市街化調整区域における土地利用誘導で地域開発を行った佐島の丘構想（一九九七年）、海辺ニュータウンの集合住宅設計（二〇〇一年）など、都市計画行政と連携した建築計画にかかわってきた。

あるとき、葉山町に近い横須賀市西端の秋谷海岸の別荘オーナーから相談を受け、分譲リゾート集合住宅の企画を進めることになった。一区画だけでは建築制限が厳しく、事業性が劣るので、隣人にも呼びかけて二つの敷地を一体化して計画すると、うまくまとまりそうだった。

計画がおおむねまとまった段階でデベロッパーを紹介し、この事業が着手した。二〇〇八年竣工の「プレイス秋谷」である。

このプロジェクトでは、狭い意味での設計監理業務だけではなく、オーナーの資産管理や有効活用のオーガナイズ、そして、デベロッパーとの契約や工事契約など事業全体についても中心となって役割を担うことができた。

これまで都市計画や市街地再開発事業などにかかわり、あるいは事業推進にも積極的にかかわってきた。一方では、デザイン監修という役割で建築デザインや都市デザインを実現してきた。

これらは私にとってすべて興味深く、そして、相互に関係しあう一つの流れのようなものに見えてきている。そして、建築設計事務所として、ないし建築家としての建築の設計監理業務の任を、川上から川下まで全うすることが究極にあり、プレイス秋谷ではそれが実現した。

都市・建築・デザインという大きな三つの領域にバランスよくかかわる「建築家像」を、始

動期の「建築か都市か」という葛藤のなかから、ようやくつかみかけているような気がする。

貴重な土地を有効活用して利用価値の高い集合住宅につくり込むことがかなった「プレイス秋谷」

UIA東京大会2011

日本を脱出してブラジルに向かった一九七五年、ジョアキム・ゲデスとの面会がすぐには実現しなかった理由の一つが、国際建築家連合（UIA）のマドリード大会の開催であった。

後から知ることになるのだが、ブラジルはUIAの加盟国のなかでも最も熱心な国の一つであり、三年に一度開催される世界大会には国内の建築家や学生が大量に参加する。一九七五年はラテン文化圏での開催ということもあり、多くのブラジル人がマドリードに行ってしまい、ゲデスもその一人であった。

以来、私の周りではUIAの話題が絶えることがなかった。サンパウロ時代の僚友ミゲール・ペレイラは長期にわたりUIA理事の職にあったし、ゲデスもいくつかの世界大会でレクチャーに呼ばれていた。

私はJIA会員として、一九九三年のシカゴ大会に参加したのを皮切りに、九六年のバルセロナ、九九年の北京、二〇〇二年のベルリンに参加し、日本の建築家の先達たちの夢であったＵＩＡ東京大会の実現に向けて助走し始めていた。

残念ながら、必勝を期して臨んだベルリン大会では、イタリアのトリノ市に先を越されてしまったが、二〇一一年大会を東京に誘致することになり、直ちに実行委員会に参加した。私は実行委員会では財務部会長を仰せつかり、日本の建築界始まって以来の国際大会を実現したのであった。

準備も大詰めを迎えていた二〇一一年三月一一日、東日本大震災が発生。さらに福島第一原発事故の影響で、半年後に予定されているＵＩＡ東京大会の開催が危ぶまれたが、日本の、そして世界中の支援を得て、九月二五日～一〇月一日の七日間、東京国際フォーラムで開催することがかなったのだった。

開会式には天皇皇后両陛下をお招きし、東京大会は多くの成果をあげて閉幕したが、私の担当であった財務面でも、その後の国際基金開設の資金を残すことができた。

ブラジルで培ったＵＩＡへの理解が、二〇一一年の東京大会へと私を導いてくれたのだと思う。日本に戻ってはや三〇年ではあるが、世界中の多くの建築家との連帯が持続できているのは、まさにＵＩＡのお陰である。

そして、二〇二〇年のＵＩＡ世界大会の開催都市は、ブラジルのリオ・デ・ジャネイロに決定した。大勢の日本の建築家との再訪が楽しみである。

株式会社建築家会館

日本建築家協会（ＪＩＡ）には一九八七年に入会し、現在まで活動に参加しているが、その本部のあるビルが青山の建築家会館である。このビルが実は株式会社建築家会館の所有するビルであり、その会社は前川國男先生が仲間の建築家らに呼びかけて、設立されたということはあまり知られていない。

ＪＩＡをはじめ、建築関係諸団体や民間への事務所不動産の賃貸業と、建築家損害賠償保険の代理店業務が収益事業の柱であり、建築家クラブの運営や出版活動など、建築家を支援する活動がこの会社の設立趣旨である。

二〇〇二年、当時の社長である大宇根弘司氏から私が次期社長に指名された。私は初代の前川國男社長から数えて五代目であった。

思い切った若返りの社長人事だったようで、多くの組織改革が求められたのだが、多くの先輩たちにも支えられて、経営基盤の強化やＪＩＡ本部・支部組織との関係改善などに取り組んだ。長らく休刊していた出版事業を『建築家の本』として再出発させることもできた。

八年間もの長期間にわたって社長を務め、二〇一〇年に現・野生司義光社長に交代したが、現在も監査役を務めている。初代の前川國男先生と面識がないのは残念ではあるが、日本の建築界にわずかながらも貢献できたことは幸運なことであった。

設計コンペ考

私がいわゆる設計コンペというものを知ったのは、大学時代にさかのぼる。都市工学科で指導を受けていた土田旭氏が、ウィーンの国際コンペに応募することを知った。クラスの数人が土田氏にお願いして、コンペチームの作業を手伝わせてもらうことになった。

土田氏の事務所である東京・本郷の都市環境研究所に詰めて、指示されるままに作業に没頭した。もちろん徹夜は当たり前。終盤になると御茶ノ水駅近くの山の上ホテルに部屋を確保し、くじ引きで寝る順番を決めて、六時間だけベッドで寝かせてもらった。最後は、いまはなき東京中央郵便局の国際郵便の窓口に二四時ぎりぎりに提出したのを昨日のように思い出す。

そういえば、都市環境研究所で朝を迎えていたとき、突然ラジオのニュースで戦慄を覚えた。自衛隊の市ヶ谷駐屯地（東京都新宿区）に三島由紀夫が乱入し、アジテーションのあと割腹自殺したあの事件だった。ということは、一九七〇年一一月ということになる。

二つ目のコンペは、サンパウロに渡って二年目の一九七六年のバイア州国際会議場コンペであり、既述のとおり、外国人混成チームでの優勝であった。引き続き、サンパウロでは大小さまざまなコンペにチャレンジした。なかでもCREA本部ビルコンペやガスペリーニ時代のイラン国立図書館コンペは記憶に刻印されている。

当時はコンペが麻薬のようなもので、定期的に参加しないと我慢できない感じであったが、結果はというと、ブラジルではバイア州国際会議場コンペが最初で最後の勝利であった。

帰国して事務所を始めた一九八五年、時間だけは十二分にあったころ、神奈川県藤沢市の湘南台文化センターのコンペに参加した。結果はでなかったが、日本のコンペ審査には少々の疑義を感じる結果であった。実際に建設する運びのコンペでありながら、審査評で明らかに予算超過と指摘された案が上位に入選していたり、入賞案の傾向が審査委員長の好み一色だったりで、当惑したものだった。

ブラジルでもコンペはさかんで、おおむね国際ルールが基準とされている。その後のコンペでは、応募要項の内容や審査員の顔ぶれをしっかりと分析して臨むことを肝に銘じたのだった。

アイデアコンペではあったが、東京都の港区都心型住宅市街地設計競技では、長谷川工務店チームとともに入賞したことは述べた。その後、国内のいくつかのコンペにも応募したが、結果がでることはなかった。

思い切って、東京国際フォーラムの国際コンペ（一九八九年）と横浜港大さん橋国際客船ターミナルの国際コンペ（一九九五年）に応募した。この二つのコンペではサンパウロのかつての盟友、ウルグアイのエクトールとチームを組むつもりでスタートしたが、結果的には共同作業ができないまま、東京国際フォーラムはそれぞれ別々に提出した。

その後の横浜港大さん橋国際客船ターミナルは、初めからサンパウロのもう一人の盟友であるブルーノ・パドヴァーノを日本に招き、東京で共同作品として提出したのだが、勝利することはなかった。翌年、福島県産業見本市会館コンペでも同様にブルーノ来日でエントリーしたが、結果はでなかった。

日本がサッカーワールドカップ開催に向かっていた一九九四年、岡山操車場跡地公園コンペ（サッカー競技場含む）では、みはらしの家以来のパートナーである井上洋司氏と都市計画家の小出和郎氏との共同チームを結成した。構造設計は当時の織本匠構造設計研究所の田村泰顕社長にお願いし、さらに当時の南條設計室の所員であった金田久美子さんの夫君でサッカー元・全日本代表の金田喜稔さんにサッカースタジアム設計のアドバイスをいただきながら、自信作を提出した。結果は三位で、一位の松田平田、二位の三菱地所の後塵を拝する結果となった。

二〇〇二年には、滋賀県浅井町の健康パークあざい設計プロポーザルコンペに立ち向かった。審査委員長は故・内井昭蔵氏であった。公開二次審査まで進んだが、残念ながら当時の日本建築学会長であった仙田満氏の優勝であった。

この間、いわゆる事業コンペと称するイベントにも多く参加した。こちらの勝率はまずまずのものであった。事業コンペの場合は、勝者が用地取得し、事業化へと進むが、多くの場合、その設計担当者としてかかわることになる。しかし、社会経済状況により、事業コンペまでで事業化へとは進まないケースも多くなっている。

最近では、東雲キャナルコート（東京都江東区）の超高層住宅予定地の事業コンペに参加し、当選したのだが、順調に事業は進み、二〇一三年にプラウドタワー東雲キャナルコート、全六〇〇戸が竣工した。事業コンペの技術提案書作成から参加し、事業段階では大林組設計部との協働作業であった。

最近の公開コンペ事情はかなり変わってきている。審査基準も相変わらず見えにくい。審査決定後にいざこざが起きるという事例も多く、バイア州国際会議場コンペでの苦い経験を思い出してしまう。

かたや、設計者選定が設計料入札へと回帰する傾向があって困ったものである。ＪＩＡほか建築家団体はおおむねコンペを、せめてプロポーザルを設計者選定に取り入れる要望を続けているが、いばらの道である。

プロポーザルの機会が増えたように思えるのだが、実態は趣旨とは外れ、限りなく歪められている。徹底的な実績主義になっているからである。同種同類の実績や有資格者や余剰人員の数などで点数化される傾向にあり、新人や新進設計事務所などに可能性はまったくないのだ。これでは若手が育つはずがない。

私のバイア州国際会議場コンペの勝利は、二八歳の出来事であった。他国での特殊例、しかも特殊ゆえに実施契約に進めなかったのはお粗末ではあるが、私という建築家に、ある種の将来目標と小さな自信を与えてくれたブラジル国に感謝したい。

そんなに多くはないが、コンペの審査員になることもある。二〇〇〇年の日本建築学会のコンペやUIAイスタンブール大会に向けた日本国内コンペの審査を務めた。その都度、若かりし自分を思い返し、若手の登竜門としてのコンペの審査に誠心誠意をもって臨み、若手の台頭に期待を寄せている。

この国の建築文化の向上には、コンペが日常化する必要があると確信する。

都市デザイン的「マンション」論

なぜ東京の街は美しくないのか。その最大の理由は、わが国で「マンション」と呼ばれる集合住宅の質にあると私は思う。

いうまでもなく、都市は人間が生きるために存在する。ゆえに都市は住宅でできている。とりわけヨーロッパの都市における住宅は、そのほとんどが集合住宅である。だから、ヨーロッパの都市の美しさの所以《ゆえん》は、その集合住宅の美しさにあるといっても過言ではない。勢いヨーロッパの建築家は、好んで集合住宅の設計に情熱を捧げることになる。

わが国の集合住宅の歴史は浅く、同潤会アパートに始まり、戦後の公団住宅で飛躍的に発展したとされるが、民間の集合住宅供給が始まったのはせいぜい一九七〇年代以降であり、四十数年を経た今日も都市景観の主役とはいいがたき地位に甘んじている。

街路と建物とをひとまとめに街区単位で都市を制御し、中世都市的な都市景観を守る欧米の立場と、高度経済成長期に敷地至上主義に陥り、敷地ごとの高度利用を優先するわが国の立場との違いが見えて悲しい。

郊外のニュータウンを除けば、わが国ではおよそ集合住宅が都市計画的な位置づけのもとに本格的に建設されることはなかった。一般の既成市街地のなかに割り込むかのごとく集合住宅が建設され、ゆえに地域の迷惑施設として反対運動のターゲットとされることが何十年にもわたって続けられている。

そんなことだからかどうか分からないが、集合住宅の設計という仕事は、わが国の建築家の多くにとって少々魅力に欠ける対象のようだ。集合住宅の設計業務は住宅供給事業のなかで発生する。そのため、通常の建築の場合より事業成立のための設計条件が多く、また販売促進という立場から商品企画上のさまざまな対応を求められることになる。

設計実務では従来の建築基準法や消防法に加えて、最近では各地方自治体の条例や指導要綱などに対応するための膨大な業務が山積する。近隣対策なる仕事も相変わらず存在するし、加えて住宅性能評価申請などという新規業務が追い打ちをかけることになった。

さらに、事業収支上の厳しい要請に振り回され、設計料までもが圧縮されるとなれば、経営上も集合住宅設計業務が敬遠されがちなのは分かるとはいえ、ゆえに特定の専門設計事務所やゼネコンの設計部に集合住宅の設計が集中し、事業者の意向や行政指導などに従順にならざるを得ない環境で設計が進むとすれば心配に値しよう。

かくして、ＪＩＡ内で集合住宅に関する議論は少ない。ごく一部の作品が話題になる以外は、むしろ反対運動や欠陥マンション問題などが話題になることが多い。

しかし、都市景観に与える集合住宅の影響は計りしれず、住戸や住棟にかかわるデザインに加えて、都市環境や街並み景観などに配慮した集合住宅デザインが求められているのだ。となれば、建築家こそが社会に対してその責を負うのではなかったのか。

建築家はデベロッパーほかを含む住宅産業界に対して批判的視座をもつべきとしても、都市を構成する集合住宅への建築家の参加がかくも少なく、評論家と化す傾向は、社会的責務からの逃避と見なされかねない。

最近では何人かの建築家がデザイン監修者として、集合住宅に取り組む姿が報道されるようになった。私もいくつかのプロジェクトに監修者として参加している者の一人である。私の場合は、主に都市環境デザインの立場から実施設計担当者に対してデザイン監修を行い、一定の成果を得ていると自負しているが、監修業務については、その定義や法的な位置づけなど検討すべき課題が多いのも事実である。

都市再生が国家的目標となり、よりよい住宅環境の実現が求められる今日、われわれ建築家の最大の責務は、よりよい集合住宅を生み出し、都市をより美しくすることではなかろうか。そのためには時代の要請を適切に把握し、設計者として、またデザイン監修者として、積極的に集合住宅に取り組んでいくことが大切である。

住宅から都市デザインへ

景観法が施行され、ようやく日本でも景観をよくすることの価値が認められる方向に向かい始めた。たしかに日本の街は「醜い」といわざるを得ない。これまで世論は必ずしもその事実を直視してこなかった。まず、われわれ専門家がその責を負うべきだが、かといって専門家ががんばれば街が美しくなるわけでもない。

私はかねてより、「住宅を美しくすることこそが街を美しくする」と主張してきた。なぜなら、街の圧倒的過半は住宅という建物でできているからである。とりわけ、規模が大きい集合住宅の美しさが問われる。

しかるに、集合住宅――私は大嫌いな呼称だが、近年わが国では集合住宅を「マンション」と呼ぶ。マンションとは大邸宅を意味する言葉であるのに――は、多くの建築家にとってマイナーな対象とされてきた。「マンション設計を得意とします」と宣言することをなぜかはばかる風土が、わが国の建築界（家）にはあるのだ。

こうして事務所創設以来、私は「住宅から都市デザインへ」を事務所の大方針に掲げて建築にかかわってきた。二〇年を超えて個人住宅、住宅地開発、そして集合住宅の設計監理の実績が積みあがり、それなりに日本の都市デザインに実務面で関与できたと自負している。たび重なる建築基準法の改正や各地方自治体の条例制定を受け、またユーザーの品質管理への要求度が飛躍的に高くなり、製造物責任（ＰＬ）法施行により、デベロッパーやゼネコンの責任が厳しく問われることになり、設計事務所への設計精度の要求水準も非常に高度なものとなってきた。

この流れのなかで、集合住宅、とりわけ分譲マンション設計という業務は、専門的かつ難易度の高い特殊能力が求められることになり、そのハードルを越えたマンション設計専門事務所を定着させて今日に至っている。

その渦中にあって実務の現場から振り返ってみると、いわゆる用地取得（多くは入札）のための企画設計（ボリューム検討と呼ばれる）に始まり、事業性や建築コストを優先せざるを得ない環境のなかで設計作業は進むわけだが、その間、デザイン性の追求は残念ながら後回しにされる場面が多い。設計者のこだわり、それこそ気力・体力がかろうじてデザイン性追求を守っているといえる。

そのようなか、近年では供給過多、売れ行き悪化、消費者意識の向上などにより、デザイン性の有無が販売を左右すると期待される場面が相対的に増えてきた。景観法に代表される世の中の流れが、それに拍車をかけることを期待している。

よりよい（住みやすく、美しく、資産価値を維持する）集合住宅を設計する者が評価される時代となるだろうか。いま、われわれ設計の当事者は、こうした認識をもって日々の業務に取り組み、結果をだしていかなければならない。

一部のデベロッパーでは、建築工事費を事前に確定する目的、および設計瑕疵《かし》の資金的対応体力があるという理由で、ゼネコン設計部に設計業務を発注する、いわゆる設計施工発注方式を採用するケースが増えている。

一方、集合住宅設計に専門化した実務型設計事務所に企画設計からエンジニアリング、確認申請取得業務など実施設計実務を発注し、その設計図書にもとづき、競争入札で工事施工者を選ぶ方法も工事費を抑える手段として多くのデベロッパーが採用している。

このような状況にあって集合住宅のデザイン性の追求を、いつ、誰が、どのように、各事業プロジェクトに注入するかが問われるようになった。熾烈《しれつ》な販売競争にあって、商品性の一つの重要な要素として、デザイン性も顧客へアピールする傾向が増してきている。

こうした流れのなかで、デザイン業務だけを特定の建築家やデザイナーに委ねる場面が増えつつある。デザイナーズマンションと称される一連の集合住宅の多くがこの手法で設計され、販売広告などにデザイン監修担当者として建築家やデザイナーが登場することも多くなってきた。

デザイン監修という仕事

デザイン監修という仕事の内容は、各事業者の方針や建築家の考え方により異なり、千差万別のようである。私はかれこれ一〇年ほど前からデザイン監修を依頼されることが多くなり、すでに一〇〇件を超えるデザイン監修を手がけている。このような経験から、私なりにデザイン監修業務の内容を整理してみる。

まず、デザイン監修という業務は、建築基準法や建築士法には規定されていない業務である。したがって、法的な位置づけは与えられておらず、確認申請などにもいっさい登場しない役割である。しかるに、近年、どちらかといえば、基準法上の設計者よりも広告媒体では大きく扱われる傾向にあり、たとえば経済産業省のグッドデザイン賞では、デザイン監修者が主役として受賞を競うといった現象すら起きている。

こうした現象の遠因として、わが国の建築士制度がハードウェアとしてのエンジニアリングにシフトしているのに対し、欧米諸国の建築家の活動分野がデザインや環境、まちづくりといったソフト面に広がりをみせているという違いが指摘できる。

日本の建築士資格をもたない海外の有力デザイナー建築家たちが来襲した一九八〇年代後半のバブル期には、日本側の設計者が法的設計責任の部分を担い、デザインを彼らに依頼するという手法が注目された。

それ以前にも、いわゆる著名な作家建築家が建物の外観デザインだけを担当するということも見られたが、集合住宅でデザイン監修が頻繁に行われるようになったのは、私の個人的経験からすると、一五年ほど前にスタートした幕張ベイタウン（千葉県千葉市）が大きく影響していると思う。

幕張ベイタウンでは、デザインガイドラインが定められており、集合住宅デザインへの要求水準が高く、各住宅事業者は設計者選定について委員会の承認を得なければならないなど、設計者の位置づけが重要視されている。一方、参加する各ゼネコンの存在も重要であり、社会情勢ともシンクロして、エンジニアリング設計とデザイン設計の分業化が徐々に定着していった。

初期の幕張ベイタウンでは、専業の設計事務所が通常の設計監理業務を行っていたが、後半の街区ではゼネコン設計部がハード面を担当し、建築家がデザイン監修者として参加する方式が増えていった。

私もこの幕張ベイタウンでの経験を通して、他地区のさまざまな住宅事業のデザイン監修を担当する機会が広がっていったような気がする。

私の場合、デザイン監修業務では通常、デザインコンセプトの提案、建物の外観デザインと外部空間デザイン、加えてエントランスなどの共用部デザインを担当する。デザインの視点から周辺調査や顧客ターゲットなどの分析を経て、デザインの大方針を提案する。

デザインを担当する部位については実際に設計を行い、インテリア、色彩、照明、家具、アートやサインなどについても具体的に設計図書をとりまとめる。また、仕上げ素材の選定などを行い、設計担当者への指示をする。終盤ではパンフレット、モデルルームなど販売ツール作成への協力とともに、実際の広報活動の一翼を担うこともある。

一連の作業ではデザイン担当者として、模型やスケッチなど分かりやすいツールをもって打ち合わせを行うので、事業者はもちろん、設計担当者にとっても合理的な分業が成立している。

デザイン監修の現場では、いくつかの要領が必要となるが、最も重要なのは設計の役割分担に関する事業者の理解である。いわば、二人の設計者が一つの建物を設計するわけであるから、最初からそれぞれの役割分担を契約上の問題も含めて明確にしておくことがなによりも大切である。

さいわい私がかかわった案件ではその交通整理がうまくいっており、ハード面での設計とデザインワークとがうまく溶けあって、良好な結果をもたらしていると自負している。

姉歯《あねは》事件で多くの市民が一級建築士という存在を知った。まさにハードを受け持つ建築士に対する理解である。建築基準法の世界でも、ますますハード設計の技術的向上を目指す改正が行われつつある。

しかし、建築は技術だけで成り立つものではないことは歴史が証明している。デザイン性能を担保するための法制度はわが国には存在しないし、当分存在しないと考えられる。一方、建築の文化的側面であるデザインや環境、そして、まちづくりへの貢献といった分野を重視する大きな社会的動きも確実にある。

一人の建築士がその両方をとり仕切ることは現実的には非常にむずかしい。したがって、デザイン監修を分業するという方式は、これからますます社会に受け入れられていくものと確信する。

そうであるためには、われわれデザイン担当者は、相当の覚悟をもって多岐にわたるデザインの力量を備え持つ必要があり、絶え間ない切磋琢磨《せっさたくま》が不可欠である。

大規模な集合住宅地に大量の緑環境をつくる限界に挑戦した「プラウドシティ浦和」

岐阜駅前再開発事業の
「ザ・ライオンズ一条タワー岐阜」では
共用部インテリアを担当

周辺環境へのきめ細かな配慮で
個性的な集合住宅を実現した
「ザ・パークハウス石神井町6丁目」

モリモトのデザインシリーズの一つ「アールブラン西蒲田レジデンス」

ブランズシリーズのデザインガイドを担当し、多くが完成。その一つが「ブランズタワー札幌」

五章

自覚

建築家の己働

建築家の仕事

都市工学科に学んだことに端を発し、「都市か建築か」という問いが常に私の人生につきまとい続けていた。

丹下健三の「東京計画一九六〇」に代表されるように、建築家は都市をデザインするものとされた時代に始まり、草の根のまちづくりへと流れが変わり、気がつけば磯崎や黒川など巨匠といわれる建築家たちがこぞって再び都市から建築へと回帰していった。

世紀が変わり、昨今ではコンパクトシティやスマートシティといった概念が主流となりつつあり、さまざまな領域の専門家が建築に関与するようになり、建築単体の設計監理という仕事も建築家の専権事項でなくなりつつある。

設計プロセスにおけるデジタルの比重が驚異的に高まる傾向にある。ＢＩＭに代表される手法が、これまでの建築設計の現場を大きく変えつつあり、そのなかでのアトリエ系設計事務所や建築家個人の業務環境も危機的な状況に向かいつつある。

ブラジルから帰国し、事務所を開設したころの「建築家の仕事」と題した次の文章が私のブラジル体験がにじみ出ていて興味深い。

建築家の仕事は「作品」を通して評価される。評価するのはいうまでもなく社会、それも社会一般であり、歴史がその評価を不動のものとする。

現代社会が建築家に求める仕事は多岐にわたり、ゆえに、その「作品」は多種多様である。建物を築造することを目的としない仕事すら存在するのであって、竣工物は建築家の「作品」の一つに過ぎない。

かつてわが国の建築家の主たる役割が公共建築の設計であったころ、建築家は社会一般から遠い存在であった。この間、多くの「作品」が世に送り出されてきたにもかかわらず、社会一般にとって日常空間である「いえ」と「まち」は、美しさや快適さとはほど遠いものとなってしまった。

いま多くの人々が当然の権利として、よりよい生活を求め、よりよい「いえ」と「まち」を求めている。一般の住宅やマンションに、そして身の周りの生活のすべてに、より快適な空間と環境を求めている。

こうした社会のニーズに対応してきたのは建築家の側ではなく、都市計画や社会工学の領域の専門家たちであり、都市行政や環境行政がそれらを支えていった。都市開発デベロッパーがまちづくりの主役となり、都市プロデューサーや環境デザイナーといった新しい分野のさまざまな人々が、都市づくりに、環境づくりに参画していった。

今日的状況における「建築」は、都市空間または自然環境の一要素として位置づけられ、きわめて複雑な計画のプロセスを経て、他分野の人々との合意形成の結果として達成される。建築の領域は限りなく広がり、建築を生み出すプロセス自体の重要性が問われている今日、建築家の仕事もまた広範囲に及び、最終的な建築行為に至る前段階から、さまざまな立場で参画することが求められている。

建築家がまちづくりや環境形成にかかわらんとするとき、こうした発想の転換が求められる。インテリアの改装や小住宅の設計はもとより、一冊の報告書にまとめられる企画提案や調査研究、コミュニティ活動への支援、環境保護やまちなみ景観整備の運動といった「見えない」ものづくりも含めた、すべての行為が「建築家の仕事」であり、「作品」である。

（『建築ジャーナル』一九九四年一月号掲載）

ブラジル流建築家像

「建築か都市か」の呪縛は、さいわいブラジルという風土が癒してくれた。建築も都市も、映画もボッサ・ノーヴァも、建築家の一生はそれらすべてにかかわる生き様なのだと。なんでもやるがなにもやらない。なんにでも口を挟むが、細かいことはことごとく専門家や職人に任す、委ねる。

その結果、潤沢な時間と資力を私自身のさらなる資質向上に傾注する。そして、ますます腕を磨く。最近の日本流行語でいえば「格差社会」である。

誤解をおそれずにいえば、格差社会にも長所を私は見た。ブラジルでは一九八〇年代に格差を縮めるため、インフレに対する給与調整の比率を、上に厳しく下に緩い政策が開始された。何年か後には格差が何割か解消されると社会は期待し、メディアが賞賛した。

結果は最悪であった。上の階層が節約し始めた結果、下の階層の貧困が加速してしまったのだ。多くの一般家庭で住み込みの家政婦を解雇し、通いに代えた。上流社会では一〇人雇っていた奉公人らを半分に減らした。雇用不安が発生し、政府は直ちにこの政策を撤回した。

こんな話は日本では論外なのはもちろん分かる。ブラジルで生活を始めたころ、街中《まちなか》の交差点で車が停車すると集まってくる子どもらに小銭を恵む行為に、私は不快しか感じなかった。そんな欺瞞《ぎまん》ってあるだろうか。貧しい子どもたちをこのような状況に放置したままにして、小銭で優越感とはないだろう、と。

ちゃんとした政治で社会問題の本質を改革することこそが君らの責任だろう、と事務所の同僚たちにも叫んでいた。思えば、全共闘で東大闘争をしていたのがほんの数年前だった私、若かったものだ。

実際に生活を続けていくと、この国の格差社会に代表されるような現実、建築家の地位や役割は、ヨーロッパ文化の移入とその後のブラジル文化の発展過程がつくり上げてきたもので、いきなり日本の一九七〇年安保の感性で判断してもまったく噛みあわないことに気づく。現地風に対応できる自分になるために自己改革が必要だと気づく。

日系企業社会に身を置く日本人たちからすれば、ブラジルの国情は容認しがたき発展途上国の恥部としてしか映らないので、何年滞在しても同化することなく帰国される方が多い。私の場合、周辺は全員ブラジル人である。否定しても始まらない。溶け込むことが目標となった。とりわけ建築家は社会的地位が上であるし、ヴァイオリン、チェロ、チェンバロでヴィヴァルディを奏でる仲間たちも例外なく、上流社会に生きるブラジル人たちであった。私のブラジル移住に際していただいた山口文象先生の私へのアドバイスがここでも生きている。「上の者と進んで交流しなさい」である。

建築家と建築士

建築家はなんにでも口を出すが、なにもしない、なにもできない、と述べた。少々解説する必要がある。ブラジルで若手の部下に設計指導していたときの実話である。

サンパウロの最高学府であるサンパウロ大学建築学科卒のエリートのA君に構造を尋ねるとなにも知らない。構造はエンジニアの仕事だという。空調システムの一部を質問すると、ドレイン管の存在を知らない。設備のエンジニアの仕事だという。基準法の何項目かが不安なので尋ねると、そんなことはどうでもいいと答える。なぜなら、順法化や申請手続きはプロジェティスタ（建築技師）の仕事だという。図面の不備を指摘すると、それはドラフトマンの腕が悪いからだという。私は問うのだった。では君はなんなのかと。答えは明快。彼は「建築家」だというのだ。

その彼の誕生日パーティに招かれた。玄関にはピカソ。本物だという。御殿のような自宅。庭には当然のようにプール。車庫棟には数台の高級車。そして、使用人家族向けの住宅付属棟は、日本の高級住宅並みの広さ。もちろん著名建築家の設計で、彼はその家で生まれ育ったという。ウサギ小屋で育つ日本人とはとんでもない違いである。

彼は数か国語をこなし、世界中を旅している。音楽も美術も素人の域を超えている。意外なことに、私が夢中のプロサッカーリーグの話題やサンバカーニバルの話題は、彼にはきわめて受けが悪いことに気がついた。脂のしたたる肉よりも野菜や寿司を好み、カフェよりもハーブティを好む。ワインの銘柄やアラブ馬の血統の話などに盛り上がり、分かったふりをして背伸びしている自分が情けない。

発展途上国の上流社会とは、こういうことなのだと理解した。事務所ではA君の不出来に嫌気を感じていたのだが、その日以降は彼の発言が違って聞こえてしまうのだった。

そして、彼は私に問う。なぜ、南條はそんなになんでも知っているのかと。事務所では私を「建築のエンサイクロペディア」と呼ぶようになり、構造でも設備でも、詳細納まりでも、そして、ついにポルトガル語で書かれた基準法チェックまでも、私に聞けばなんでも教えてくれると便利箱にされていった。

思えば、彼らが私に感じた魅力というより重宝さは、まさしく日本の建築士制度や学校教育の成果であることが分かる。学科五科目と設計製図について国家が資格認定しているのだから、その部分ではうまく機能しているのだろう。であればこそ、私がそのように重宝がられるのだ。

逆にいえば、ブラジルの建築家たちは、私のあの一級建築士の受験勉強のような経験もないし、関心すらない。

その代わりといってはなんだが、ひとくちでいえば「教養」を磨き上げることのほうに時間もエネルギーも向けられている。ゆえに、建築家教育の技師教育の部分を、美術や環境デザイン、社会や歴史、都市計画やインテリアなど、幅広い守備範囲での「素養」を身につけることに集中できるのだ。

当然ながら、このようなエリート建築家の数は限られている。彼らが学ぶ建築学科とは工学部ではなく、独立した都市・建築学校（FAU）であり、別途、工学部系に建築工学のコースがあるが、ここで学んだ学生は決して「建築家」と名乗ることはなく、生涯を建築技師として過ごすのである。

ブラジル社会では互いに名字ではなく、名前を呼びあうのだが、建築家の場合は日本でも「先生」と呼ばれるように、私も「ドウトール（doutor）」と呼ばれることが多いのだが、それより少々上位の呼称だと「オ・アーキテクト（o arquiteto）」と呼ばれる。頭に定冠詞「O」がつくということは、アーキテクトという職能の名前に定冠詞を添えて呼んでいるわけであり、かなりの敬語に相当するのだ。

日本の建築家の将来像

本書の終盤に、あえてブラジルの建築家像に言及した。帰国後三〇年がたったが、場合によっては二〜三年で見切りをつけて日本の事務所をたたみ、サンパウロに永住を決め込んでいたかもしれなかった私。結果は二〇一五年のいま、帰国三〇年、事務所三〇周年を迎えている。

この間、ブラジルで心酔した建築家像を抱き続けることができたのは奇跡であった。ただし、社会的評価、ましてや経済的報いはブラジルでの何分の一にも及ばないかもしれないし、家内や家族には負担をかけたのかもしれない。

日本の建築家の地位は、大きく二極化しているように感じる。すぐれた技術や順調だった経済に支えられて、世界的スター建築家の躍進が一つの潮流にあり、学校でもそうした気運を助長する教育が進められている。トップダウン方式発想での建築教育であり、たしかに国際社会でも華々しく活躍する日本の建築家が着実に輩出している事実がある。

他方では、少子高齢化社会やサステイナブル社会への対応を契機に、コミュニティアーキテクトという概念が急速に注目され始めている。個人のスター性ではなく、異分野との交流や市民参加型組織のリーダーとして、まちづくりや環境形成、そして、市民のための建築に携わる職能論である。こちらはボトムアップ方式発想であり、一部の奇才建築家の作品よりは草の根的な底辺の広がりを重んじる。

これらは、従来型のアトリエ系と呼ばれる専業の事務所において進められる一方、大手の組織事務所や総合建設業、巨大シンクタンクなどさまざまな立場が、多様化した社会のニーズに応えようとしている。

さらに、ＢＩＭ導入などで求められている大きな資本力や基礎研究の基盤などが不可欠になると、建築家の立ち振る舞いが個人や弱小組織では通用しなくなる危惧《きぐ》も抱かざるを得ない。

日本の建築家はどこへ向かうのであろうか。

小アトリエのサバイバル

サンパウロ時代に、わずか一年半ではあったが、ＣＮＥＣという大手総合コンサルタント会社に所属したことがあったが、それ以外は小規模な建築家個人がワンマンで運営する事務所に所属し、そして、自らもそうして三〇年が経過した。

自らの事務所を始めてから一〇年以上が過ぎるまで、建築家とは独立して自らの責任で仕事をするものである、と所員には説教し続けてきた。一つの事務所勤務はせいぜい四～五年で卒業すべきであり、大組織でも四〇歳までには独立すべきである、ともいい続けてきた。ブラジル経由ではあったが、自らも三七歳で独立した。

ところが、自らにとって独立当初の数年間はやはり苦戦の連続であったし、ブラジルでの建築家人生で得られた充足感はなかったと思う。やはり日本で建築家を続けるのは、とりわけ自営のアトリエ形態でそれをやり遂げるには、個人の資質はもちろんだが、飛び抜けた人脈や財力、それに幸運を必要とすることを実感した。

事務所を退職して、自分の事務所を始めることは誰にでもできる。しかし、東京で不動産を借り、事務所登録し、コンピューターなどの機材やＢＩＭソフトなどを完備し、そのうえでスタッフを雇い入れるとなると、並大抵ではない。

それらをすべて経験した私は思い始めていた。誰もがこれを繰り返していくことに、はたして価値があるのだろうか。

独立したのはいいが、食うや食わずで結局、自宅や親戚の家などの設計をした後は、友人や大手事務所の手伝いが本業になっていたりする話をよく聞く。いつしか、所員スタッフに独立を促すことはなくなり、むしろ、役割分担をしながら各自の居場所を見出したうえで、チーム体制で建築をしようではないか、と語りかけていた。

アトリエ事務所は、トップの独善やカリスマ性で成り立つとされる。ボスの全盛期には若者が集まってくるだろう。しかし、いずれはそのボスとともに、そのチームは幕を閉じることになる。それが近づいてきた段階でも意欲ある若者が集まってくるだろうか。

建築家の世襲と事務所継承

山口文象先生のバウハウスでの経験やアール・アイ・エー創設の理念を学び、サンパウロのジョアキム・ゲデスのコラボレーションによる建築家像、そして「住宅から都市デザインへ」を理念を胸に、ここまできた私にとって、事務所の資産はなんといっても人材だと思う。ブラジルでは、建築家の子どもはほとんど例外なく建築家を目指す。代を重ねて資質を高めていく。たしかに建築というのは、一人の才能、一代限りの学習で達成できる域をはるかに超えた、深く高い崇高なものなのである。

日本では世襲は非難の的となる。往々にして政治家の世襲は困ったものだが、音楽などの芸術分野などでは、たしかに、生まれた瞬間から修行を始めた二代目のほうが、大学から学習を開始する者よりもはるかに有利であろうことを、ブラジルの多くの世襲建築家たちに見てしまった。

個人もそうだが、事務所も同じような気がする。一人一人の経験を積層したチーム力を高め、何代もそれを積み上げて成長を続ける。もって社会にさらなる貢献を果たす。もちろん一つの組織は小粒でパワーに不安があるとしても、常日頃からのコラボレーションにより柔軟な組織が可能である。

ジョアキム・ゲデスの事務所は最大でも一〇人の建築家を超えることはなかったが、国家を代表するようなビッグプロジェクトを難なくこなしていた。チーム力のなせる技であろう。私も二〇〇〇年竣工のウェルシティ横須賀では小さな組織ではあったが、なんとか完結させることができた。

小さな組織でありながら、社会的な要請に応えて責任を全うするためには、建築家万能の発想を捨て、適材適所のコラボレーションが不可欠であろう。ますます高度で複雑化する社会的ニーズに現代的職能責任論を満たすには、建築家であっても、大手組織事務所やスーパーゼネコンなどとも的確に役割分担して、社会のニーズに応えていく必要があると私は思う。

アトリエができること

十数年前から主に集合住宅の分野で「デザイン監修」という建築へのかかわりを模索してきたことを述べた。この五年ほどではリノベーションの要請が急増してきている。スクラップアンドビルド時代からの大転換である。現在もさまざまなリノベーションプロジェクトに参加している。新築とはかなり異なる特殊なノウハウも必要であり、法制もどんどん変わりつつある。

リノベーションの世界も革新的だ。
千代田区内神田（上）では古いオフィスビルをシェアハウスとシェアオフィスに、
聖蹟桜ヶ丘（下）では古い企業独身寮をシェアハウスに再生した

建物用途を大きく変えるコンバージョンから、さまざまなライフスタイルに対応する企画も盛り込んでのリノベーションまで、急速に変化する世界だ。つい先日も、東京・千代田区内神田の古い事務所ビルをシェアハウスに再生するプロジェクトを完成させ、メディアでも大きく取り上げられた。

集合住宅のデザイン監修にヒントを得て、最近では戸建て分譲住宅地の計画にも積極的に参加している。戸建て住宅の集合を立体的な集合住宅の平面形に見立てて、街全体の都市デザインや各戸の外観デザインや造園、外構などを、従来の戸建て住宅の計画・設計・建設のプロセスとは別個に行うのである。

都心部では集合住宅が主体であるが、郊外部や地方都市では圧倒的に戸建て住宅が中心である。そして、それらの戸建て住宅の設計デザインは、残念ながら建築家の守備範囲からは外れている。建築家はこうした戸建て住宅業界に

郊外型戸建て住宅地でも
景観や環境に配慮した
デザインの展開が期待される

対して異議申し立てをするが、消費者は建築家とかけ離れた経済状況に追い込まれていて選択肢がないのだ。

　このような状況にあって、都心部の集合住宅でも郊外部の戸建て住宅地でも、「デザイン監修」は街並みや景観形成に、さらに、その結果としての資産価値向上にも多大な効力を発揮するはずだ。

　事務所開設以来、常に喜びをもって個人邸の設計を続けているが、個人住宅の設計監理業務は経営的には厳しいといわざるを得ない。よって、個人住宅設計は個人アトリエが主流で、大手組織事務所が業務とすることは希有《けう》である。そして一方では、ハウスメーカーや工務店の設計施工住宅が圧倒的な数量で建設され続けている。

　ここで触れたリノベーションプロジェクト、戸建て住宅地のデザイン監修、そして戸建て注文住宅などは、小規模アトリエであることがハンディとはならない。むしろ大規模組織では対応が難しい性質をもつジャンルである。

　また、街づくり支援や市街地再開発事業の合意形成、集合住宅や団地などの耐震化や再生計画の支援などは、組織力より実際に担当する個人の資質によるところが大きい。

　こうした分野も個人の集合としてのアトリエ組織が、その特性を発揮して社会に貢献できる有望な世界であるはずだ。

建築家の己働

大学のオーケストラに夢中だったことは述べた。管弦楽では弦管打の各楽器がそれぞれのパートを奏する。各自の演奏力に加えて、指揮者の采配によって同じ曲が七変化《しちへんげ》するのだ。野球も攻撃と守備、ホームランバッターとバント巧者が必要になる。勝つためには、全体のバランスと監督の指導力が不可欠だ。

吉本興業だって落語家、漫才、タレント、歌手のほか各種とりそろえている。社会のニーズに敏感に対応する経営手腕がすぐれているのであろう。

私は建築一筋の建築家とはあきらかに違う側面をもつことを自覚している。それは都市工学科出身であること、ＲＩＡ建築綜合研究所で都市再開発を学んだこと、そして、ブラジル建築界の境界なき建築家像に浸ったことから、自分のなかに定着した特異な側面なのかもしれない。

私には三人の恩師がいるといい続けている。都市工学科での大谷幸夫先生、ＲＩＡでの山口文象先生、サンパウロでのジョアキム・ゲデス先生である。

大谷先生からは、城下町の都市構造の解析という卒業論文を通して都市と建築の関係性を考える基本を学んだ。山口先生からはバウハウスの理念の入り口を学んだ。

この十年ほど、アトリエ系建築設計事務所の行く末を考える場面が多い。ＪＩＡの多くの仲間が高齢化し、事務所活動が停滞する傾向にある。私も還暦を節目に現事務所の行く末を心配し始めたのであった。

そこへ二〇〇八年、リーマンショックが起き、何社かのクライアントが経営に行きづまり、その余波を受けることになってしまった。加えて、二〇一一年の東日本大震災が設計業界を飲み込んでくるのだった。

そのころから、所員に対して「自立」を喚起することが多くなった。自らの引き際を思うとき、若者たちがこれから先どうするのか、という問いへの答えを模索し始めたわけである。

その答えは「建築家の己働《こどう》」という言葉に収斂《しゅうれん》した。実は私は「建築家の自働《じどう》」といい始めていたのだが、副所長の野呂信哉が、「自」では受動的であって勝手に事が進むという甘えが見えてしまうから、自主的に目論んで事に臨むイメージを「己」で表現すべきだ、というので、「己働」と造語した次第である。以来、所内ではこの「己働」という言葉を連発している。

もう一つ、新表現が誕生した。「外交」である。それまで私の事務所では一般企業と同様に「営業」という言葉がときどきではあるが使われていた。しかしながら、社内に「営業部」があるわけでもなく、ましてや「営業接待」という習慣もなく――自慢ではないが、私はこれまでただの一度もゴルフというスポーツをやったことがない——事務所は存続している。

さて、では建築事務所はいかにして業務を受注するのか。建築家の己働を口にするとき、人（社会）から仕事をやってくださいと頼まれるという状況は、建築家の生命線ではないのか。しからば、それに向けての「行為」をなんと呼べばいいのだろうか。しかたなく「営業」という言葉を使用しながらも、疑問を抱き続けていたのだった。

数年前にふと思いついた。私の交際する建築家諸氏、先輩から同輩、そして後輩まで、良き仕事をする建築家は間違いなく、良き「営業マン」であることに気がつく。ただ、営業という言葉はやはり馴染まない。

ブラジルサッカー代表のユニフォームの色、ブルー&イエローが事務所インテリアの基調色。カナリア軍団を目指す

たまたま、日米関係やアジア戦略などを議論する際に頻出する「有能な外交官」という言葉にヒントを得た。建築家の己働に必須なのは「外交力」なのだ。

以来、事務所では「外交戦略会議」が開催されるようになった。「外交」と呼んだ途端に、とことん積極的に活動が展開できる。少なくとも「営業」と呼ぶより、納得ずくで力が入るから不思議だ。

外交は正しく、しかも楽しく展開したい。所員は中堅も若手も個人の魅力・個性を磨いてほしい。ふとサンパウロ時代の仲間たちの底抜けに楽しげな姿を思い出す。

ボッサ・ノーヴァな建築家たちの情熱的な表情である。

（完）

二題

遷都五〇周年

ブラジリアの都市計画と建築

クリティーバの

マスタープランから学ぶもの

遷都五〇周年　ブラジリアの都市計画と建築

はじめに

学生時代、ブラジリアは、私たち都市計画・建築を学ぶものにとって、ル・コルビジエの唱える理想都市の実現例という教材だった。

当時すでに、コルビジエ教科書のお手本どおりにつくったにもかかわらず、世紀の失敗作、参考としてはならぬ批判の対象として教えられていた。

私は一九七五年に初めて現地に行き、こうした悪評とは違う素晴らしいブラジリアの実態に驚いた。同時に、一〇年間のブラジル滞在を通して社会経済の特殊性やブラジル人の生活観などが理解できるようになり、ブラジリアという都市をまったく別の見方で評価できるようになった。

以来、間違った先入観でブラジリアバッシングする日本人に対して、ブラジリアを正しく理解してもらうようにと、いろいろ書いたり、話したりしている。

ブラジリア遷都の歴史と意味

ブラジリアという都市は一国の新首都として建設されたわけであり、この都市を理解し評価するには、遷都論から入る必要がある。

二〇一〇年がブラジリア遷都五〇周年という節目であった。ブラジリアはなぜ誕生したか。クビチェック大統領がいきなり思いつきでつくったように日本ではいわれているが、実際はブラジルの長い歴史の結果なのである。

大航海時代、西暦一五〇〇年に西洋人がブラジルを発見する。そして、一五四九年にはポルトガルの総督府がサルバドールにつくられた。当時のブラジルの中心がサルバドール。いってみれば、最初の首都がサルバドールといえる。

その後、一七六一年、マルケス・デ・ポンバウ、一七九二年、チラデンテスといった歴史上の人物が、すでに内陸部のプラナウト高原にこの国の中心を移すのだという議論をしてい

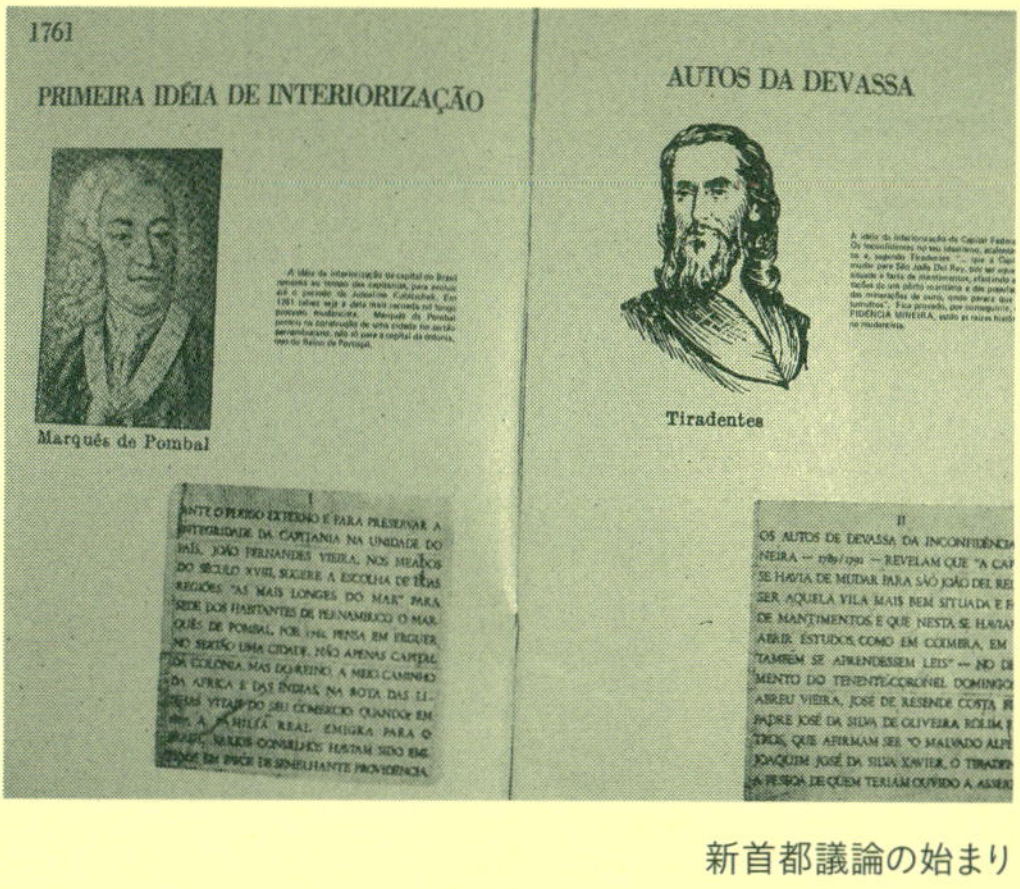

新首都議論の始まり

た記録がある。当時の場所は、現在のブラジリアからはちょっと外れているが、このころからずっと議論されている。

そして時は過ぎ、スペインに追われたポルトガル政府が逃げてきて、リオ・デ・ジャネイロにポルトガルの首都が移る。その後、ポルトガル政府が帰国するときに皇太子ドン・ペドロが置いていかれて独立する。それが一八一五年のことである。

この間、遷都というのは国民全体の関心事だったわけである。なぜかというと、それまでの開発は沿岸部に限られていた。そこで、この国の繁栄はアマゾンを含めた奥地開発にあるという考え方から、沿岸部のすべての都市からおおむね一〇〇〇キロメートルの地点を首都とするのが、この国の遠い将来のあるべき姿だと、数百年かけて議論してきたのだった。

沿岸都市とブラジリアの位置

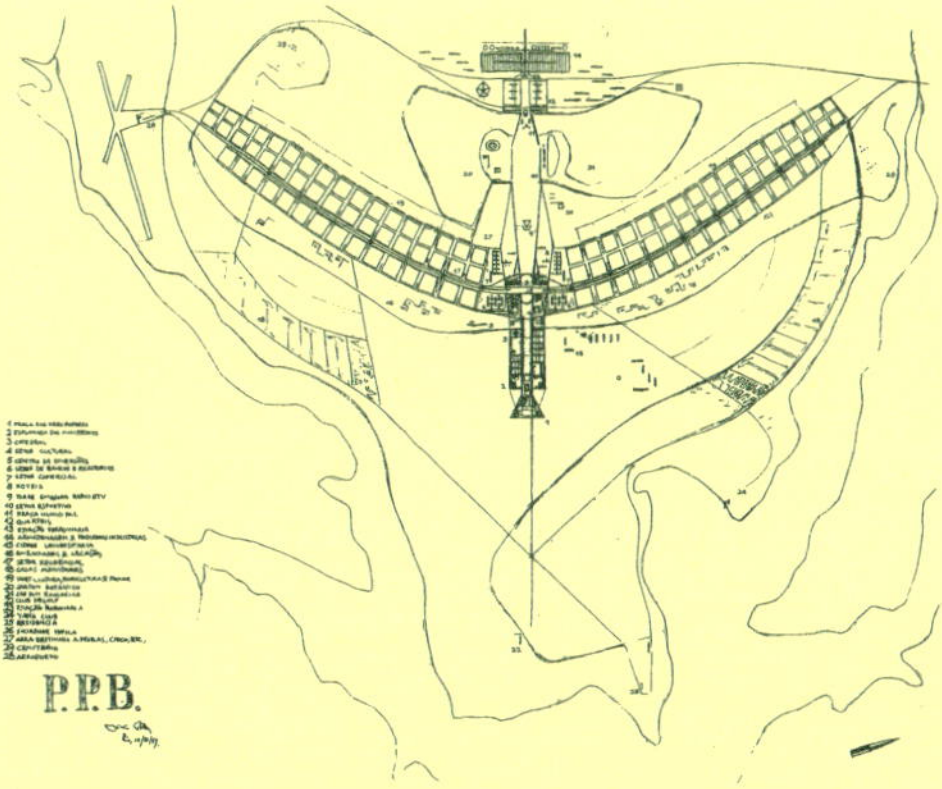

コンペ案（マスタープラン）

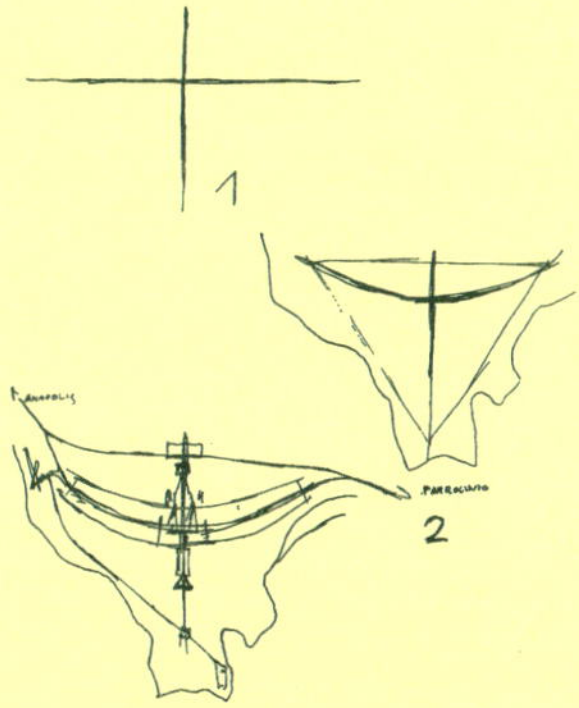

コンペ案（二本の線）

ブラジリア建設

衝撃的だが、上記はルシオ・コスタの自筆のコンペ図面である。いまこのレベルのコンペなら、CGなどを駆使したプレゼンテーションで競い合って、誰がいちばんすぐれているか決めるのだが、この図面はコスタがアメリカから帰ってくる船のなかでサクッとフリーハンドで描いた絵だそうだ。

二本の線で、十字から始まり、展開され、そして最終図面となる。この子どものお絵描きみたいな図面、それにもとづいて突貫工事が始まる。朝日が昇るのと夕日が沈むのが両方地平線に見える。そんな大地にどんな都市をつくるのか。その答えを示したのが二本の線なのである。

連邦区と衛星都市群

「ブラジリアは住みにくい。だから、人は周辺にスラムをつくり、そこで人間らしく住んでいる」とよくいわれる。これはひどい事実誤認であり、衛星都市すべてがスラムではなく、計画都市なのである。

当時のヨーロッパのニュータウンをつくるときの理論が、これらの衛星都市で試されている。おもしろいのは、衛星都市の一つ一つが違う顔をしていることだ。

なぜかというと、道路や街区設計、土地利用や用途規制など、都市計画のさまざまなアイデアがいろいろと試されているからなのだ。だから、基盤整備はとてもよくできていて、都市としての発展のポテンシャルがある。

残念なのは、ブラジルが経済的には豊かではないので、建っている建物がやや粗末であることから、日本人にはスラムに見えてしまうことだ。これはとんでもない誤解で、都市として立派なインフラが整備されていることが重要なのである。

三権広場の突貫工事

ブラジリアというと、通常は連邦区（ディストリット・フェデラル）をさすが、それは衛星都市群を含む大きなエリアであり、コンペで選ばれたのは飛行機型で有名なプラーノ・ピロットと呼ばれる小さな地区にすぎない。これは、いわゆる首都機能の中枢部であって、いわば東京でいうところの霞が関にあたる。

今日、連邦区は人口三〇〇万を超えており、巨大経済圏になってしまった。にもかかわらず、連邦区では土地利用が計画的に誘導されていて、都市計画が破《は》綻《たん》している東京とは好対照といえる。

地図にあきらかなように、街の仕組みが目

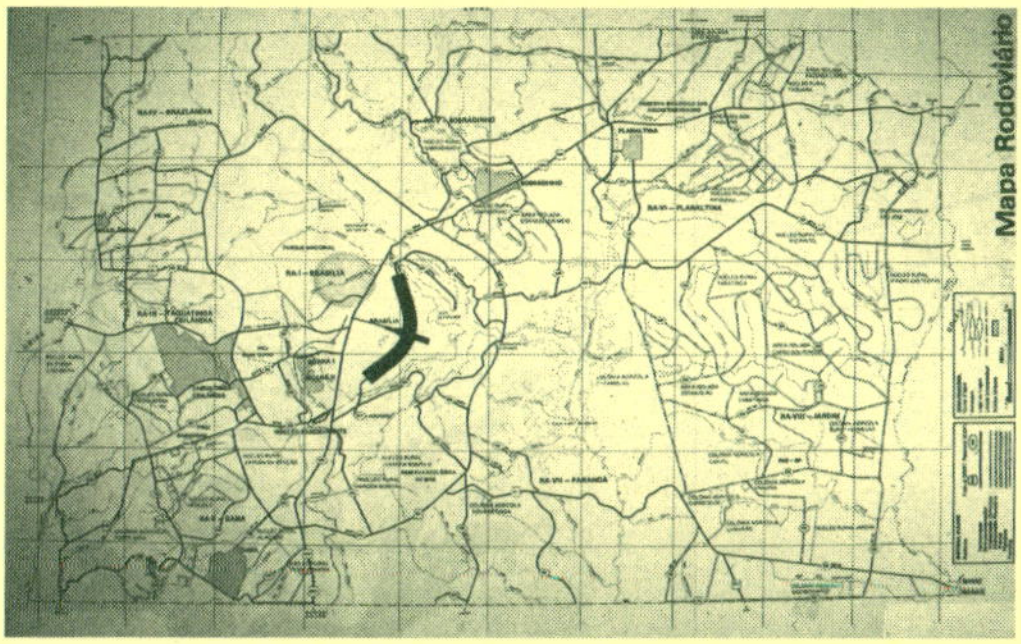

衛星都市群と連邦区

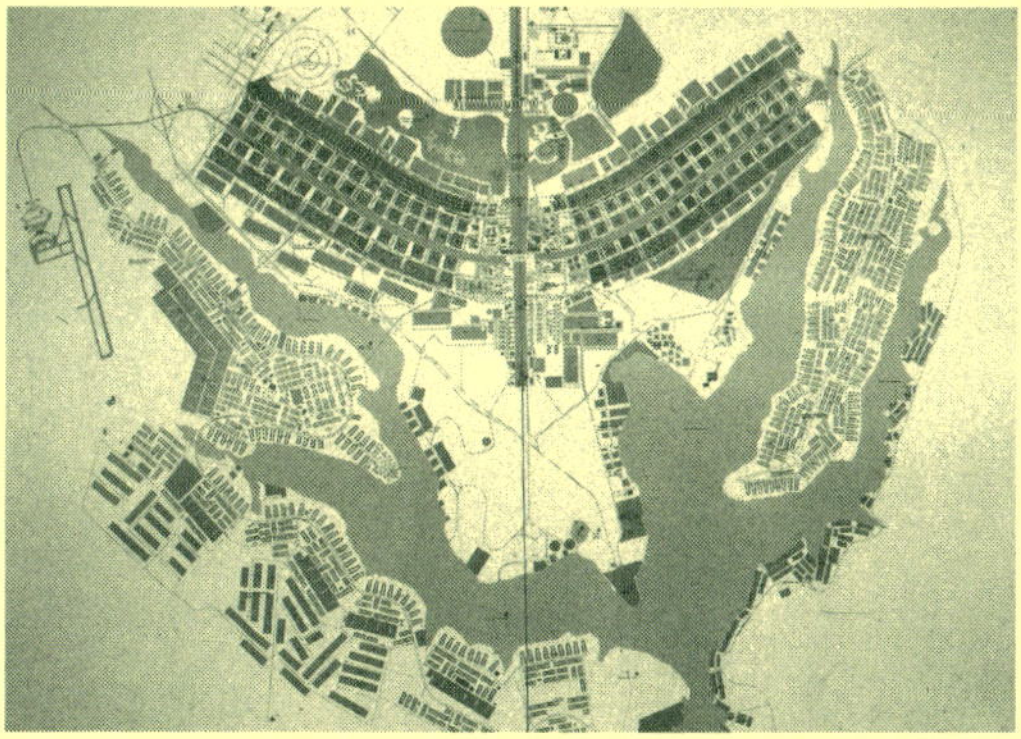

プラーノ・ピロット

ルシオ・コスタ

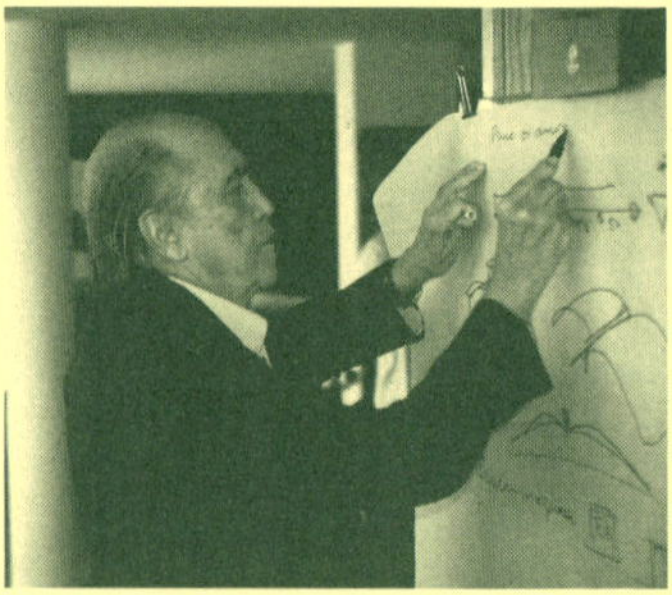
オスカー・ニーマイヤー

で見て分かりやすく表現されていることからも、非常に斬新な都市といえる。交通体系も人間の解剖図のように、実に秩序立って機能するように、生物学のように組み込まれたシステムで、ほんとうに理想的な都市設計案なのだ。

オスカー・ニーマイヤーとルシオ・コスタ

このようにつくられたブラジリアの建築では、オスカー・ニーマイヤーばかりが目立って知られているが、ニーマイヤーの先生がルシオ・コスタであり、リオ・デ・ジャネイロの芸術学校の学長だった人である。

コンペでは師弟関係が逆転し、審査員が生徒のニーマイヤーでエントリーしたのが先生のコスタであった。ブラジリアのマスタープランはコスタの案なのだが、そこに建てられている建物は、ほぼすべてニーマイヤーの設計作品である。

二〇一二年に一〇四歳で逝去するまでニーマイヤーがブラジリアの建物を設計し続けていたのだが、それは若干問題であると私は思っている。多様で魅力的な都市を良しとする今日的な考えからすれば、一人の建築家がすべての建物をデザインすることなどあり得ないという意味である。

ニーマイヤー建築の数々

ニーマイヤー芸術のすぐれた造形美がブラジリアの多くの建築に見られる。国会議事堂もその一つである。おそらく日本の方は誤解していると思うのだが、あの有名な上下のお椀型は単に装飾である。

ニーマイヤーの建築の一つの典型なのだが、本体は見えない地下にあって、飾りが写真のように自由造形されている。これら二つのお椀型は、上院・下院の上におかれている屋根飾りであり、議事堂そのものは地下にあるのだ。

国会議事堂

多くの建物がこの方式で設計されているが、実はこれがきわめてすぐれていて、サステイナブル建築でもある。なぜなら、ブラジリアの気候は寒暖の差が激しく、乾季、雨季も過酷であるからである。

涼しく、室内気候が安定して得られる地下室を積極的に使う手法なのである。それにより、空調に頼らない建物が可能なわけで、形だけ見ると奇抜だが、気候風土に順応した考え抜かれた建物なのである。

そんななかで、カテドラルはニーマイヤー建築の典型的な作品である。見えている奇抜な形は屋根にすぎず、床はスロープの先の地下にある。ここにも空調はなく、屋根は全部ガラス張りなのに、エアコンなしでミサができてしまうわけだから、これはすごいアイデアといわざるを得ない。外周はすべて水盤になっていて、気化熱が冷気をつくり、自然換気で冷気が天井を昇っていくというつくりになっている。ガラス屋根の同じ手法が、国立劇場のホワイエの屋根にも使われている。

カテドラル

生活都市ブラジリア

ブラジリアの首都機能部分とは異なり、生活都市ブラジリアの評判はよろしくない。モニュメンタルでシンボリックなのは評価されても、あんなところに住めるかという評価である。でも私は、こんなすばらしい住みやすい街はないと評価している。日本人に住みやすいかというと、それは分からないが、ブラジル人にとって住みやすいかと考えたとき、ブラジルに一〇年住んだ私の体験からすれば、非常に住みやすい街だと分かる。

その秘密は、コンペのときのルシオ・コスタのスケッチに示されている。ヴィジニャンサと訳されている近隣住区というヨーロッパの考えが採用されており、緻密に考えられた住生活空間が実現している。

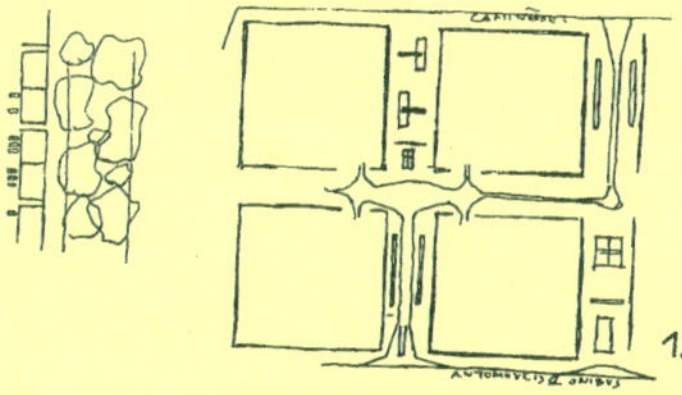
13

14

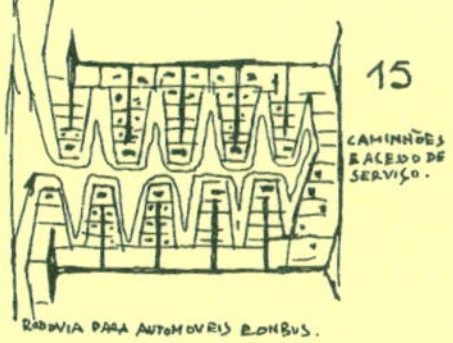
15

コンペ案（近隣住区）

車社会への対応も当時の最先端をいっており、現在にも通用する人間重視の考え方が施されている。完全に車を優先する世界と、逆に完全に人間を優先する世界とが組み合わされた都市構造は、まさにル・コルビジエの理論なのだが、日本では車ばかりというところしか紹介されないから、誤認されている。

日本の評論家でこういう住宅地のなかまで見る人は少ないのでバッシングが横行する。私は友だちもいっぱいおり、友人宅に実際に泊まったりして体験できたので、なるほどと感心することになるのだ。

砂漠のようにほこりだらけであんな街に住めるかと、できた直後に行った人は言ったわけだが、今日のこの街を見たら驚くはずである。

現在は何百万という樹木が生い茂り、森のように埋め尽くされている。砂漠のなかのオアシスであって、ほんとうに大木がうっそうとしており、住宅地の緑の多さは南米一といわれているほどである。

緑あふれる住宅地

ブラジリアの意義

最後に、私にとってのブラジリアの意義を述べて本稿を終えたい。

第一に、純化した首都機能がもたらす都市の効率という視点から、ブラジリアはいい例を示してくれているという意義である。

例えば、日本にアメリカの大統領をお迎えするとしたら、なにがおきるだろうか。成田空港に着く、あるいは羽田空港に着いたとしよう。すべての交通をストップして、厳戒態勢のもとに一時間かかかって機動隊が誘導することだろう。東京が首都であるより、都民の経済都市であるがゆえの宿命である。

ブラジリアでは、空港に着けば、ノンストップで大統領官邸や国会議事堂まで一〇分で到着する。

なんのためにつくった街かということを忘れて、自分が住む街として評価するから、日本人はいろいろいいたくなるだろうが、それは意味がない。

ブラジリアは、なににもまして首都だということ、首都というものはこうあるべきだということ、首都は立法・行政・司法の三権と国防の拠点だということである。そういう意味で、ブラジリアを語るとき、首都がうまく機能しているというところを評価してあげないと、かわいそうだということを申し上げたい。

第二に、都市計画上の意義についてである。ル・コルビジエはすでに過去の人だが、日本のすべての都市の理論も、世界中の理論も元をたどれば、ル・コルビジエの近代都市計画理論がベースになっているという事実がある。

ブラジリアには、宗教施設の配置の問題や商店街構成の問題などいくつかの問題があるのも事実だが、でも、だからつくらなければよかったではなく、それが分かったのだから直せばいいだけの話だということを申し上げたい。

ブラジリアの人たちは自分でいい街だと思っているが、よくない部分があることも理解している。それを、いま二世、三世たちが修正している。そういう意味で、都市計画史上の生きた標本が実在するというのは驚くべきことであり、私は価値あるものとして、ブラジリアを評価している。

第三に、中南米の街の実態に触れたい。経済や治安、教育、あるいはスラムといった深刻な都市問題があるのが中南米なのであり、そこにブラジリアが理想的な存在としてあるという認識の問題をあげたい。中南米のこれからの都市モデルを考えるうえで、大切な見方なのではないかと思うからである。

第四に、建築・都市と、それらが市民にどうとらえられているかという一体感の問題をあげたい。日本ではおよそそれを感じない。建物の評価など誰もしていない。不動産の価値以外はほとんど意味をもたない。

つくっては壊し、つくっては壊し、できた建物がどんなに醜悪でも色彩が氾濫《はんらん》していても、洗濯物だらけでごちゃごちゃでも平気である。

そのような街の風情はスラムなら仕方ないが、普通の街としてブラジル人にとっては考えられないことなのだ。そういう一体感がブラジリアからは感じられる。あまたの芸術的建築群に囲まれて生活する人々の基礎素養、感性の高さがそこにはある。

そして最後に、ブラジリア人にとっての誇りの問題を指摘したい。これを日本人は完全に失っている。日本でも世界文化遺産にいくつかエントリーしているが、ブラジリアはとうの昔に世界文化遺産に登録された。世界でいちばん若い世界文化遺産といわれている。登録されるとお祝いとして、すぐルシオ・コスタ・

ルシオ・コスタ・スペースに置かれたプラーノ・ピロットの模型

スペースが三権広場の地下につくられた。プラーノ・ピロットの巨大な模型が置かれている。

この模型に原設計を刻印し、永久にこの形を変えない。保存し続ける。そういうブラジル人の意思表示なのだ。つくってすぐ壊す日本とは大きな違いである。

五〇年しかたっていない建物を文化遺産にして、金輪際《こんりんざい》変えないというのも、ブラジル人にとっての自負というか、プライドというか、すごいなと私は思う。

ルシオ・コスタは九六歳で亡くなった。オスカー・ニーマイヤーも一〇四歳という長寿を全うした。

クビチェック大統領はサンパウロ郊外で壮絶な自動車事故で即死したが、その後にニーマイヤーの設計でクビチェック・メモリアルがつくられた。ブラジリア都市軸上の高い丘のところに建っている。

クビチェックが空高く手を挙げている。二〇一〇年に五〇周年を迎えたことを彼がいまどう思っているか知るすべもない。

クビチェック・メモリアル

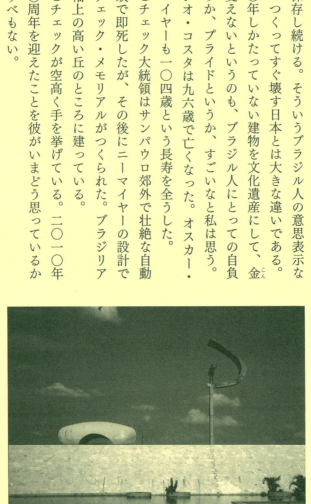

（社団法人ラテンアメリカ協会「ラテンアメリカ時報」No.１３９１、二〇一〇年夏号に掲載されたものをもとに一部修正）

クリティーバのマスタープランから学ぶもの

はじめに

クリティーバ市は、ブラジル南部パラナ州の人口約一六〇万人の州都である。移民国家ブラジルにあって、イタリア、ポーランド、ドイツ、ウクライナなどからの移民が多く、西欧文化の影響が都市づくりにも見られる特徴のある都市である。

日本からの移民もお隣のサンパウロ州に次いで多く、一九七〇年代以降、日本企業の進出もめざましく、州や市など行政機関には多くの日系人が活躍しており、わが国との結びつきもたいへん強い。

生活水準指標に関する二〇〇一年の国連の調査でも、クリティーバ市はブラジルで第一位にランクされており、効率的な公共交通システムや人口一人当たり五五平方メートルの公園を実現した緑の環境整備などにより、国際的にも注目されている。

一九六〇年代にとりまとめられたクリティーバ市の都市計画の特徴は、五つの都市軸をもつ明快なマスタープランにある。このマスタープランに裏づけられた公共交通システムがこの街を世界的に有名にした。共生型の環境整備や歴史的市街地の再生、市民参加型のまちづくりなどの近代都市計画の最新の手法が、クリティーバ都市計画研究所（ＩＰＰＵＣ）という組織を中心に効率的かつ迅速に実行されている。

マスタープラン

急激な都市の膨張に対して、道路や下水の基盤整備と土地利用の方向を定めた一九四三年のアガシェ・プランに放射状のシステムが見られるが、今日のクリティーバ市の五つの放射都市軸に沿った都市構造は、一九六四年に行われたコンペで当選した建築家ジョージ・ウィリェイムほかによる提案が基本となっている。

当時創立されたＩＰＰＵＣがその後、詳細計画策定にあたり、「明日のクリティーバ」と呼ばれた公開討論も経て、一九六六年に現在の都市基本計画が策定された。

明確な道路の階層構造と連動した土地利用ゾーニングが特徴で、五つの都市軸に沿って高層建物が建ち並ぶ独特の都市景観が生まれることになった。このマスタープランには土地区画整理に関する要項や市街地再開発地区、歴史的市街地の保存再生の指針なども含まれており、現在の都市像の基本を決定づけたわけだが、なかでも高価な地下鉄に依存せずに、バスを用いた公共交通システムの独自性は注目に値するユニークなものであった。

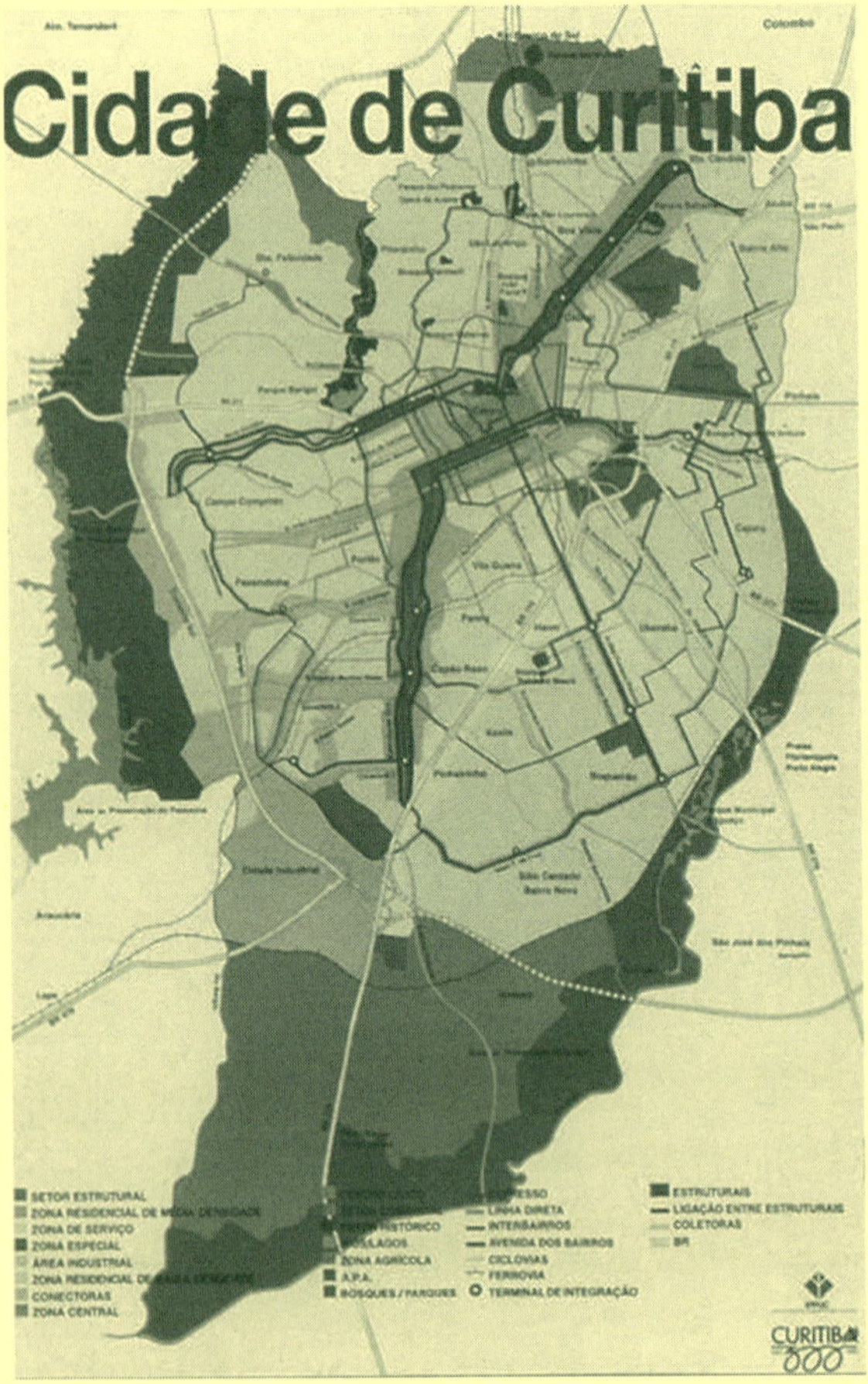

クリティーバのマスタープラン

バス公共交通システム

人口一〇〇万の都市の公共交通システムとしては、地下鉄や路面鉄道が不可欠であると考えがちで、わが国でも莫大な投資をものともせず、地方都市においても地下鉄建設が進められている。

だが、発展途上国ブラジルのクリティーバ市では、マスタープランに裏づけされた五つの放射状の幹線道路にバス専用レーンを設けることにより、交通渋滞の解消、バスの運行の改善を実現し、都心への自家用車乗り入れの抑制にも成功した。地下鉄建設費の何十分の一とされるこのシステムは、建築家やプランナーたちによって発案された計画的な道路体系や多くのユニークな工夫によって成り立っている。

三本の道路による通行体系

五つの都市軸は平行する三本の道路がセットで機能する。真中の幹線道路ではバスの運行を最優先し、中央にバス専用レーンを設けている。乗降客が道路の真中で乗り降りするので、バス専用レーンの両側は駐車帯付きの車道にして高速車を排除している。

この幹線道路と平行する両側の道路は自動車専用の一方通行で、コンピューターで最低運行速度を定め、信号を制御して自動車交通の流れを確保している。

これら三本の道路に挟まれた区画は、高密度かつ高層建築の土地利用が指定されており、土地利用計画と道路システムとが見事に連動しており、機能的な分かりやすさをもたらすほかに、めりはりのある美しい都市のスカイラインを形成している。

3本の道路システム
（クリティーバ市ホームページより）

停留所の改良

自動車の利便性に慣れ親しんだユーザーに、自家用車を捨てバスの利用を説くには、バス利用が車利用より快適な状況をつくるしかない。

放射状のバス専用レーンでバスの高速走行は確保されたが、あわせて乗降時間の短縮もバスの高速運行を確保するには重要である。そこで鉄道駅のようなプラットホーム付き停留所を開発し、料金の事前徴収と多人数の一斉乗降を可能にして乗降時間を約八分の一に短縮した。

建築家によってデザインされた鉄パイプと強化ガラスでできたテューボ（チューブ）と呼ばれるこの独特の停留所は、路線マップなどの分かりやすいサイン表示や車いす対応も充実しており、すぐれたデザイン性で市民に親しまれている。

利用者の多い幹線沿いに、このテューボ駅が設けられており、利用者数によって増設できるようにユニット化されている。乗り換え駅やターミナル駅では何本ものテューボが並び、ゆったりとしたガラス屋根に覆われたコンコースを形成し、あたかも鉄道駅の様相を呈している。

バス車両の改良

バス車両そのものにもさまざまな工夫が施されており、乗客の快適性を優先させ、内外のデザインの質も高い。整備や清掃が行き届いており、南米の諸都市で見られるガタガタの満

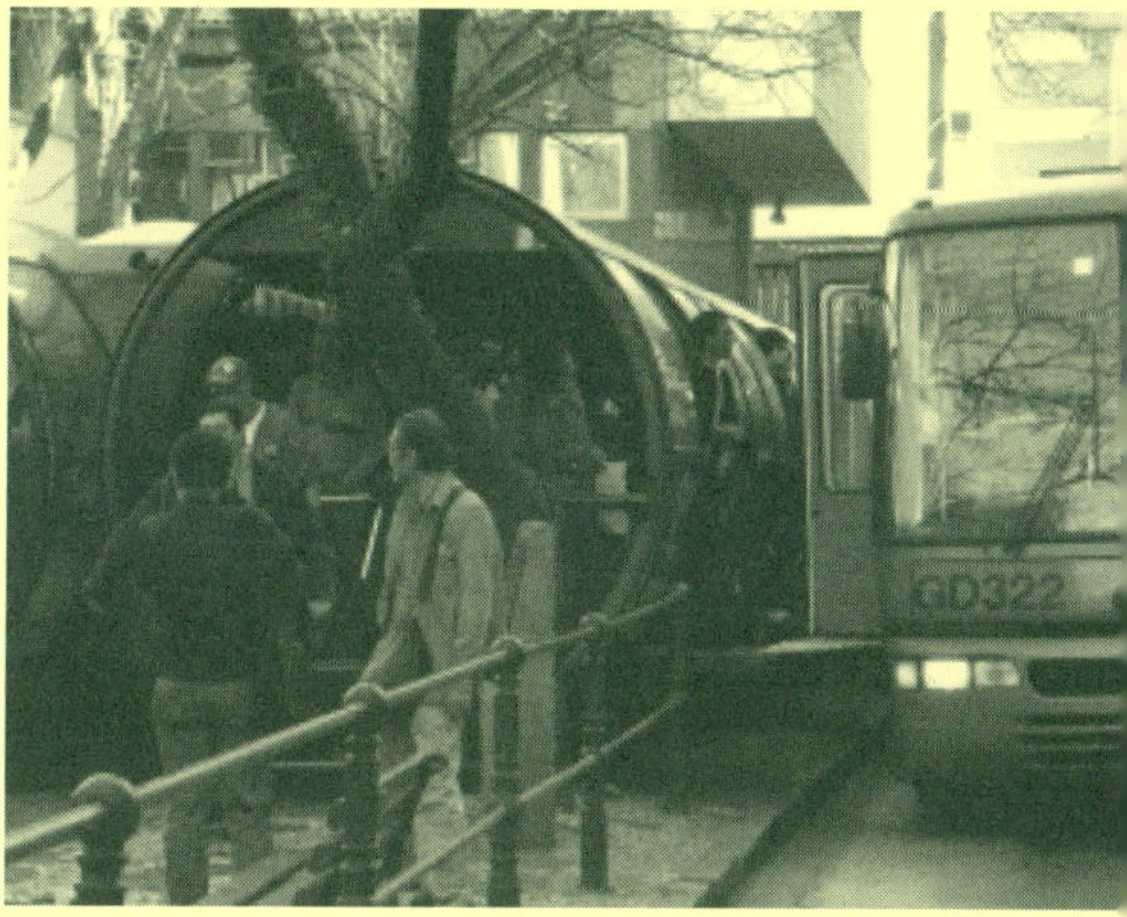

テューボバス停

員バスとは比べものにならない。

急行線やローカル線など五種類に分かれており、それぞれが美しい色彩で塗り分けられている。幹線道路のバス専用レーンを走る赤色の急行と連結型急行、その急行が停車する乗り換え駅間を環状に結ぶ緑色の地区間線、地区内各駅に停まるオレンジ色のローカル線、そして、地区間の一般道を短時間で結ぶ銀色の直行線の五種類があり、誰もがすぐに識別できるようになっている。

四〇人乗りの小型車両から、特別に開発された二七〇人乗り三両編成大型車両まで、利用者数に応じて、いく通りもの定員数の車両を走らせることができる。

バス専用レーン
（クリティーバ市ホームページより）

共通料金体系

市域各地に住む利用者は、これらのバスを目的地により使い分け、テューボ駅で乗り継ぐことになるが、単一料金であるため、駅での乗り換えはスムーズかつ快適である。

南米諸都市のバス交通は劣悪で、富裕層は自家用車を手放そうとはせず、慢性の交通渋滞に苦しんでいる。クリティーバ市のこの方法は、バス車両の美しさや停留所の快適さ、あるいは高速運行と時間の正確さ、それに料金の安さなど、利用者本位の姿勢が徹底しており、幅広い市民層の支持を得ている。

環境共生型のまちづくり

バスシステムで注目を浴びたクリティーバの都市計画のもう一つの特徴が、環境共生への取り組みである。

急激な都市化は河川の慢性的な氾濫《はんらん》や水系の汚染をもたらし、緑地の喪失と土地利用の混乱を招いたとして、市はそれまでの土木工事依存の事業を見直し、都市内にあっても、できるだけ自然環境を復元するという手法で公共緑地の整備に着手した。

市内を流れる四つの河川に沿って、主要な公園や緑地が整備され、リニアな公園緑地ネットワークができあがった。これらは集中降雨時の氾濫を抑え、自然の力による流域の浄化も効果をあげ、結果的に建設費の削減にも寄与している。

市内に何か所もあった採石場跡地はゴミ捨て場と化し、忘れ去られていたが、環境整備の対象として公園化を進め、文化やレクリエーションの場として親しまれるように生まれ変わった。

公園の清掃や草花の手入れなどの保守管理を子どもや老人が行ったり、環境に関するさまざまな学習プログラムを公園で実施するなどの取り組みが効果をあげている。

ザニネリの森では環境自由大学と呼ばれる学校がつくられ、子どもの学習からプロの講習まで、幅広い環境教育が実践されている。

「針金オペラ」と呼ばれる採石場跡地のオペラハウスではコンサートが開かれ、市民が環境の大切さを実感できるモニュメントの役割も果たしている。こうして、人口一人当たり公園面積五五平方メートルという高い水準を達成した。

環境自由大学

歴史的市街地の再生と再開発

クリティーバの中心部には、十九世紀後半に鉄道の開通とともに栄えた当時の市街地が残っていたが、自動車社会に対応できず、荒廃していった。

一九七〇年代には商店主の反対を押し切って自動車交通を排除し、キンゼ通りで歩行者天国を成功させたほか、その後も多くの広場などで歩行者専用道化が進み、中心市街地の活気を取り戻していった。

なかでもペロウリーニョ・アーケードと呼ばれる花市場は有名である。こうした旧市街の空間整備とあわせて、歴史的建造物の調査を進め、ジェネローゾ・マルケス広場周辺の「街の色プロジェクト」と称する街並み保存プロジェクトなど、多くの建物の保存再生が実現している。ＩＰＰＵＣの専門家がこうした調査や実際のプロジェクトにあたるほか、補助金制度の斡旋《あっせん》なども行っている。

市民参加型のまちづくり

貧困との闘いが先決で、義務教育すら十分でない社会にあって、クリティーバのまちづくりは教育や福祉、雇用までも包含する概念であり、街を愛し、まちづくりを理解する市民を増やすことが、理想のまちづくりへの近道であるという考え方である。

　資源ごみを食料や文房具などと交換するカンビオ・ヴェルディ（緑の交換）と呼ばれる制度は、ごみ収集という主目的に、食料供給や教育とを兼ねたまちづくりプログラムである。公園や緑地の維持管理に子どもたちを動員するのも同様の理由による。

　小学校に併設される「知恵の灯台」や「街の灯台」と呼ばれる施設は、灯台型の展望台のデザインが親しみやすい建物だが、インターネットができる街中《まちなか》の小さな図書館で、地域活動の拠点となりつつある。

　多くの人々が集まる交通の結節点である主要なバス駅には教育、福祉、レクリエーション機能を備えた、ひとまわり大きな市民通りと呼ばれる近隣センターが次々と建設されているが、これらの施設建設はまちづくりを地域レベルに分散させ、市民参加による地域自治を実現しようとする試みである。

知恵の灯台

都市計画行政の総合化

一九六五年に都市計画行政の縦横断的対応と継続性のある取り組みを実現するために、IPPUCが設立された。縦割り行政による都市計画の非効率をなくすために、土木や建築の枠を越えて教育や福祉、雇用なども包含した総合的な都市政策を実践するための組織となっている。環境都市クリティーバの数々の成果は、このIPPUCの存在なくしては考えられない。

有能な建築家やプランナーに加え、ランドスケープや環境問題などのデザイナーや専門家を多数擁し、多くのプロジェクトを実際に手がけている。建築家ジャイメ・レーネルもその一人で、初期のIPPUC所長を務めたあと、一九七〇年代から通算三期、計一二年間にわたり市長を務めた。その後、二期（八年間）パラナ州知事を務めた後、国際建築家連合（UIA）の会長職を務めた。

緑におおわれた広大な敷地に木造の別荘家屋のような建物が点在し、ジーパン姿のデザイナー風の男女がマウスと色鉛筆で仕事をしている。これがクリティーバ市の都市計画をつかさどるIPPUCの風情であるが、私は、そこにわが国が目指すべき脱官僚主義と建築家のまちづくり参画の未来形を見る思いである。

クリティーバから学ぶもの

発展途上国の人口一六〇万の都市が、大規模な都市基盤整備に巨額を投ずるのではなく、教育、医療・福祉、雇用などと連動した独自のまちづくりにより、費用対効果のすぐれたまちづくりを実現した。

実践された手法の多くは、二十世紀の都市計画理論の応用だが、経済力をふまえた現実的な取り組みと地域の歴史や文化の特性を十分に取り入れた応用力が評価できる。

サステイナブルコミュニティやコンパクトシティが二十一世紀型のまちづくりの方向性であると誰もが信ずる今日、五〇年前に始められたクリティーバ市のまちづくりに学ぶべき点は多い。

わが国でも、これからの少子高齢化と環境共生型社会に向けたまちづくり、そして地域性を生かした市民参加型まちづくりを考えるうえで、建築家と行政とのコミュニティへの取り組み姿勢や、円滑な実践を可能にする組織づくりやリーダー育成など、クリティーバの経験とその成果は、わが国の多くの中小都市のまちづくりにも多くのヒントを与えてくれている。

クリティーバとブラジリア

クリティーバのまちづくりの原形は、一九六〇年代の都市計画にあると述べた。当時の世界は急激な都市化とそこに発生した都市問題との闘いをめぐって、さまざまな技術論が錯綜していた。

わが国で、立ち遅れていた自動車社会を受け入れるための国土改造が都市計画の最大の課題とされていたとき、ブラジルでは、近代都市計画理論の粋を集めたとされる新首都ブラジリアを建設していた。

これら二つのブラジルの都市はあまりにも異なる。ブラジリアの建設には、ルシオ・コスタとオスカー・ニーマイヤーという二人の建築家が大きな影響力をもった。クリティーバのまちづくりには、ジョージ・ウィリエイムと後の市長ジャイメ・レーネルらの建築家たちが大きく寄与した。

一部で聞かれる両都市の単純な比較は軽率といわざるを得ない。なぜなら、その目的も立地条件も全く異なるからである。

重要なことは、両者とも都市の開発（計画）のあり方に関して建築家が深くかかわったという事実であり、政治（家）がそれを必要としたという文化的土壌の問題である。

ブラジリアの都市軸

クリティーバの都市軸（クリティーバ市ホームページより）

マスタープランと都市景観

当時、サステイナブルやコンパクトシティといった言葉は一般的ではなかったが、自動車社会における歩行者優先という考え方が定着し始めていた。こうした先進性のある情報はブラジルでは建築家たちによってもたらされていた。

既成市街地においては、歴史的道路網の組み替えによるバス交通システムを実現し、大平原での新開発にあっては、立体交差道路網による自動車交通確保と近隣住区内の歩行者空間の確保を実現したが、ともに建築家によるマスタープランにもとづくものであった。

そして、二十一世紀を迎え、成長型の都市計画はひんしゅくを買うようになり、環境共生型コンパクトシティが主流となったいま、ブラジルの二つの都市、ブラジリアとクリティーバが注目されている背景に、建築家たちの先見性があったことに着目する必要がある。

それは、単体の建築デザインという視点ではなく、都市と人間とのかかわりへの先見性であり、あるいは都市計画や交通計画の理論や技術論に関する先見性である。

二つの都市には明快なマスタープランが存在する。五つの放射状パターンのクリティーバと飛行機型パターンとして有名なブラジリア。どちらも都市の交通動脈と集中的な土地利用が都市の「かたち」を表現し、マクロな「都市景観」を形成している。ともに建築家のプランであり、サステイナブルかつビジブルなコンパクトシティである。

いま東京のような巨大都市では、都市の景観美は部分でしか語れないし、混沌さこそがアジア型都市の魅力であるとする議論もある。

だが、私は一人の建築家として先見性のあるすぐれたマスタープランにもとづき、年数をかけて築かれる都市美を「美しい」と好む。その意味で、都市計画が健全であってほしいし、まちづくりに建築家がデザイナーとして参加すべきであると考える。

建築家の仕事が見える、まったく性格の異なる両都市を見るたびに、その両方に「マスタープランが見えて美しい」と素直に都市の魅力を感ずるのである。

（『ＪＩＡ建築家 architects』２００４・06 特集／シリーズ『都市と建築』をもとに一部修正）

エピローグ

一九七五年四月、二七歳の私と妻はリオ・デ・ジャネイロに降り立った。空港ではカフェが無料で飲み放題である。南国の暑さよりも海の湿気と車の排気ガス臭気が混ざりあった独特の「匂い」が印象的だった。

まずは観光スポットへと足を運ぶ。コパカバーナやイパネマの浜辺、ポン・デ・アスーカル（砂糖パン）やコルコバードの岩山群がつくる独特の海浜都市景観は、濃密で圧倒的に美しかった。

1975年、リオ・デ・ジャネイロに上陸した妻と私。ボッサ・ノーヴァ大好きの27歳だった

街のあちこちにサンバのリズムが刻まれている。人々は入国したばかりの日本人若者夫婦に、普通に語りかけてくる。時刻や行き先を尋ねてくる。黒人、白人、東洋人、彼らはなんの違いも感じていないようだ。

こんな強烈な体験を経て、はや四〇年である。

わが建築家の半生を記録、保存しようと決心して筆をとったのだが、終えてみると圧倒的にブラジルの話が多い。自分にとって圧倒的な記憶の集積がブラジル時代にあると同時に、日本の仲間たちにもお伝えしたいと思う体験談や情報は圧倒的にブラジル絡みだから、当然の結果かもしれない。

一方、独立三〇年の記憶はもちろん日本でのものであり、実に多くの先輩や仲間たちに支えられて今日に至ることができた。いまでこそ日本に定着できたと思うが、帰国後の数年間、思えばかなり「変な」日本人だったと思う。地球の裏側から帰ってきた「浦島太郎」だから、相当な厄介者だったに違いない。その「変な」は、おそらく「ブラジル風」に由来するものが多かったのだと思う。

一例を思い出す。悪い癖で当時から遅刻気味の私なのだが、お待たせする相手先には秘書役が電話でお詫びしていたのだが、あるとき、「遅刻の陳謝は自分で」とお叱りを受けた。「お詫びしていると、さらに遅くなってしまう」がブラジル流道理だし、先方も秘書が受けてくれるのだが、やはり日本の建築家の若僧がとる行動として私が非礼だったのであろう。ちなみに、いまのように携帯電話のなかった時代の話である。

私の建築家人生に大きな影響を与えた師ジョアキム・ゲデスの建築家像は、いくつかの点で現在の日本の建築界の主流とは異なる。建築家と建築士の違いでもあり、グローバル感性の違いでもあるが、基本的にはブラジルにおける建築家の社会的地位の違いが際立っている。

ブラジルでは、建築家が一部の特権階級エリートであることは述べたが、それだけに「自負と責任」も強く意識している。発展途上の国情にあって、エリートは一般の中・下層階級への救世的使命感を少なからずもっている。それはカソリックの宗教観とも表裏のものなので、われわれ日本人からは理解が難しい建築家像でもある。

ジョアキム・ゲデスは自らも資産家であり、大富豪の豪邸を設計する一方、低所得者向け公共住宅団地の計画・設計や、資源開発に直結した奥地でのニュータウン開発など、都市計画や社会貢献にも分け隔てなく注力する姿に私は魅力を感じていった。

ブラジル建築家協会（ＩＡＢ）の活動の軸足は、あきらかに建築の社会性にあり、多くのエリート建築家たちが、集まれば政府を批判し、国情を嘆き、そして、建築家の歩むべき方向性を社会に置いている。ただ、不思議なのは、自らはあくまでも上流社会のエリートであり、富豪向けの業務には確実に前向きだ。

こんなブラジル体験を経て、日本建築家協会（ＪＩＡ）などの活動でも、どちらかというと都市とのかかわりに重点を置く活動を続けてきた私の建築家像は、建築と都市とを同じ目線でとらえ、美しい日本の街を目標に、コミュニティとのかかわりを大切にしながら仕事をする姿である。

それをかなり前から「住宅から都市デザインへ」という表現に統一し、南條設計室というチームを築いてきた。従来の日本の建築家像とは多少異なるかもしれない。少なくとも私が建築に惹かれたころの建築家像とは大きく違うことはたしかだ。

もちろん、社会はさまざまな建築家を必要としている。私の生き様は、少々端っこで、でも信念と意地を張ったものだとは思う。ちょっと「出っ張った」というのが私なのかもしれない。ゆえに「ボッサ・ノーヴァな建築考」なのだと納得している。

ボッサ・ノーヴァは、あくまでも音楽のジャンルの一角にある。誕生したとされる一九五〇年代後半にはマニアックで小さな運動に過ぎなかった。いまはジャズのなかでも重要な確たるジャンルとして定着した。ビートルズが登場しなければ、間違いなく世界的にブレイクしたとする説もあると聞く。

私の「ボッサ・ノーヴァな建築考」が、南條設計室の次世代にどのようにとらえられていくのか、彼らに委ねるしかないが、本書の記録に残した一片なりが、なにかのきっかけになってくれればうれしい。

最後に、この私のボッサ（突飛）な企てに快く賛同くださり、不慣れな私を一年余も勇気づけ続けてくれた、コム・ブレイン社の井上比佐史さん、土屋康二さん、近藤あかねさんと、ブラジル風味の装丁デザインをまとめてくれたデザイナーの柴田尚吾さんに、心より感謝の気持ちをここに記させていただきたい。

著者プロフィール

南條　洋雄

1947年　東京都生まれ
1966年　東京教育大学付属駒場高等学校卒業
1971年　東京大学工学部都市工学科卒業
1971〜75年　㈱RIA建築綜合研究所に在籍
1975〜85年　ブラジル・サンパウロ市の arquiteto Joaquim Guedes e associados
および Croce, Aflalo & Gasperini Arquitetos 他に在籍
1985年　㈱南條設計室を設立、現在に至る
1996〜06年　東京都立短期大学非常勤講師
1999〜01年　㈳日本建築家協会理事
2002〜10年　㈱建築家会館代表取締役
2006年〜　小田原市景観評価員
2012年〜　(公社)日本建築家協会関東甲信越支部渋谷地域会代表

ボッサ・ノーヴァな建築考《けんちくこう》
住宅《じゅうたく》から都市《とし》デザインへ

2015年5月25日　発行

著者　南條洋雄（なんじょう・ひろお）
発行者　井上比佐史
発行所　株式会社コム・ブレイン
〒101-0054
東京都千代田区神田錦町3-13-7
TEL03-3233-1967
FAX03-3233-1968
http://www.combrain.jp
ブックデザイン　PLUSTUS++（柴田尚吾）
印刷・製本　株式会社シナノパブリッシングプレス

Printed in Japan　ISBN978-4-9901689-5-7
定価はカバーに表示してあります。